Jürgen Kuhlmann
Innen statt droben

Für Mila
und Iris, Gilbert, Bettina, Simone, Tomas
sowie ihre Freunde und Freundesfreunde

JÜRGEN KUHLMANN

Innen statt droben

Für ein geistlicheres Gottesverständnis

Patmos Verlag
Düsseldorf

CIP-Kurztitelaufnahme der Deutschen Bibliothek

Kuhlmann, Jürgen:
Innen statt droben:
für e. geistl. Gottesverständnis /
Jürgen Kuhlmann. –
1. Aufl. – Düsseldorf: Patmos Verlag, 1986.
ISBN 3-491-77652-X

 1. Auflage 1986
Umschlaggestaltung: Peter J. Kahrl, Neustadt/Wied
Gesamtherstellung: Clausen & Bosse, Leck
3-491-77652-X

Inhalt

IV. Schluß

Anhang

I. Innen statt droben

1. Eine Zwickmühle: untertan dem Herr-Gott oder sinnlos

»Was haben Sie denn da wieder gemacht«, schnarrt der Vorgesetzte. Mein Herz duckt sich, spreizt heimlich seine Stacheln. Wer einen Herrn hat, kennt dieses Gefühl, also jeder; mindestens als Kind steht jeder unter Herren oder Herrinnen, die meisten auch später Jahrzehnte hindurch. Ob anstellig, arbeitsam oder amtlich, überall werden wir von irgendwelchen Chefs kontrolliert und gelegentlich zur Schnecke gemacht, die sich im Häuschen verbirgt, wenn sie das schleimige Kriechen leid ist. Nicht auszudenken das Los unzähliger Sklavinnen und Sklaven, die seit Tausenden von Jahren machtlos vor der Willkür ihrer Herren zittern müssen – nicht bloß mußten, mogeln wir uns nicht mit dem grammatikalischen Trick aus der *Gegenwart* des Grauens davon. Wo ein Mensch Angst hat, ist es immer jetzt.

Gewiß, gute Herren haben sich für das Wohl der Ihren abgemüht, ihre Kräfte im Dienst des Ganzen verschlissen. Zu Recht stolz war jener Fürst, der sich trauen durfte, waffenlos und heimlich in jeder Hütte seines Volkes zu nächtigen. Und doch bleibt sogar der beste irdische Herr seinen Untertanen ein Fremder. Außer in den seltenen Fällen, da einer für die Seinen sein Leben opfert, kann niemand ganz uneigennützig sein. Eigene Interessen hat jeder – wie sollte ein Herr es da vermeiden, seine Macht auch zum eigenen Vorteil zu gebrauchen? Wenn er sonst nützlich ist, haben die »Seinen« nichts dagegen; auch dem königlichen (oder ministeriellen) Ochsen soll man das Maul (solange es maßvoll frißt) nicht verbinden. Kurz: Der schlimme Herr ist mein Feind, auch der gute Herr ist mir fremd, mit keinem Herrn kann ich mich voll identifizieren.

Ist auch die Wirklichkeit im ganzen einem Herrn untertan? Die Frommen sagen: ja. »Herr« ist ihnen *der* Name Gottes. Die einen verehren ihn als guten Herrn, trauen ihm als ihrem lieben Vater. Andere ängstigen sich vor seiner Übermacht, nicht einmal zur Schnecke werden kann man ja vor ihm, keine Panzerung widersteht seinem schneidenden Blick. Manche helfen sich so, daß sie diesen Blick ihrerseits durchschauen – als bloß gemaltes, an den Himmel projiziertes Riesenauge. Dem Freiheitsrausch folgt freilich bald der kosmische Katzenjammer: eine Welt, in der keinerlei Einheit herrscht, sondern vom Elektron bis zum Spiralnebel alles nur blind umherrast, sie kann unserem sinndurstigen Herzen nicht Heimat sein.

Ohne Herrn des Ganzen scheint alles sinnlos, mit ihm bleibt das Ganze mir fremd – in dieser Zwickmühle hängen, mehr oder minder bewußt, viele Menschen fest. Im steuerlosen Raumschiff Erde ohne Ziel eine Zeitlang durchs All zu sausen, bis meine Elemente wiederaufbereitet werden, damit andere dieselbe nichtige Reise fortführen können – das ist mir zuwenig. Vor einem großen Jemand zu kuschen, ihm laut preisend zu danken, daß er uns zu seiner Ehre gemacht hat und unsere Bravheit am Ende mit himmlischer Leckerei belohnen wird – das ist mir zu kindisch. Irgend etwas muß falsch sein an dem Entweder-Oder, vor das die übliche Religion uns stellt.

Wie kommt es zu ihm? Hat schon einmal jemand den Herrn des Ganzen gesehen? Oder festgestellt, daß sein Stuhl leer ist? Keins von beidem. Alles, was wir Menschen über die Wirklichkeit im ganzen sagen können, *meint* zwar das Ganze, *besagt* aber stets nur eine bestimmte *endliche* Sinnstruktur, die wir zunächst in einer begrenzten Seinsweise unmittelbar verstehen und dann analog, proportional auf das Ganze übertragen, um so die *Erfahrung* des Ganzen (die uns allerdings trifft, weil wir geistige Wesen sind) duch *Deutung* faßbar und mitteilbar zu machen. Ausnahmslos jede Behauptung über das Ganze hat die Form einer Proportionalgleichung: Ähnlich wie a (dieses Endliche) sich zu b (jenem Begrenzten) verhält, so ähnlich verhält A (das Endliche überhaupt) sich zu X (dem in sich unsagbaren Ganzen).

Gleichgültig nun, ob ein Frommer Gott seinen Vater nennt, ein Erschrockener vor dem Zorn des Allmächtigen zittert oder ein Unfrommer die Existenz des universalen Direktors leugnet: alle drei bedienen sich derselben Proportionalgleichung: wir Menschen verhalten uns zur letztgültigen Wirklichkeit so ähnlich wie Untertanen zu ihrem Herrn, sei dieser als Vater geliebt, als Wüterich gefürchtet oder als bloße Projektion entlarvt. In einer Kultur christlicher Herkunft scheint kein anderes Verständnis möglich. Denn wir Menschen sind Personen, auch Gott gilt im Abendland als personhaft; daß aber eine bestimmende Person anderen, von ihr bestimmten Personen gegenübersteht: eben darin liegt das Wesen von Herrschaft. Gott könne im Letzten überhaupt nicht anders denn als Herr verstanden werden, so scheint es. Aber dieser Schein trügt. Er ist auch fatal, denn er sperrt uns in die Zwickmühle von »sinnlos« und »fremd«.

Seit Urzeiten beten Menschen zu Gott als ihrem Herrn; von Anfang an glauben wir Christen an Gott den Vater den Allmächtigen. Auch ich bekenne mich zu diesem *Glauben*. Doch *verstehe* ich ihn anders. »Gott zu uns = Herr zu Untertanen« ist mir nicht *die* Proportionalgleichung, die mein Gottesverständnis *prägt*, sondern nur mehr *eine* Auffassung, die (neben anderen ihr gleichberechtigten) aus dem *eigentlichen* Verständnisrahmen *folgt*.

Ein Beispiel kann diesen Schritt hin zur tieferen Wahrheit verdeutlichen. Denken wir uns einen Negerstamm, der von weißen Menschen nie auch nur gehört hätte. Dort gibt es bloß ein Wort für »Mensch«, das zugleich »Schwarzer« bedeutet. Taucht ein Weißer auf, so gerät das Denken in Verwirrung: jenes Wesen ist kein Schwarzer, scheint aber doch menschenähnlich. Am Ende der Krise steht die Erkenntnis: Zwar ist weiß das Gegenteil von schwarz, zwar sind wir Schwarze Menschen, trotzdem ist der Weiße auch ein Mensch. Bestimmte zuvor der Begriff »Schwarzer« *den* Verständnisrahmen des Menschlichen, so ist er am Ende zwar auch wahr, aber nur mehr als *eine* Weise, wie jemand Mensch sein kann. Vielleicht steht dasselbe Abenteuer uns Menschen noch bevor, wenn ein vernünftiges Lebewesen von fremdem Stern zu uns kommt. Oder stecken wir schon in dieser Krise und wissen es nicht? Ist die Jagd auf Wale und Delphine Mord an Vernunftwesen, die bloß zu stolz oder zu anders sind, sich mit uns zu verständigen?

Weiß ist das Gegenteil von schwarz, doch beides sind Weisen, Mensch zu sein. Herrschaftslosigkeit ist das Gegenteil von Herrschaft, doch beides sind Weisen, wie wir uns Gott zu denken haben. Gibt es ein Gottesverständnis, das tiefer reicht als das überkommene Herr-Gott-Muster? In ihm müßten Gottes Herrschaft und auch das göttliche Ende aller entfremdenden Herrschaft als einander ergänzende Sinnpole in lebendiger Spannung stehen. Meine Antwort, die in diesem Buch entfaltet wird, heißt: ja.

2. Der Ich-Begriff überwindet die Zwickmühle

Ja. Entschlossen ziehe ich den Stöpsel heraus. Zu Ende sei das warme Bad, jetzt will ich mit Frau und Kindern Kuchen essen.

Dem Entschluß vorhergegangen ist ein Zwiespalt. Haut und Zunge wollen Gegensätzliches. Als Haut fühle ich mich so herrlich wohl im heißen Wasser, das mich umspült. Am liebsten vergesse ich die Zeit und alles, was es sonst noch gibt. Erinnert meine Seele sich der einfachen Wonne damals im Mutterschoß, gar des warmen Urmeeres vor Milliarden Jahren, wo alles Leben begann? So frage ich freilich erst später, nicht jetzt in der Wanne, da bin ich nicht forschender Verstand, sondern allein fühlende Haut, nein: wäre nur sie, würde mein Hautsein nicht dauernd gestört von meinem Zungesein. Die hat am Badewasser keinen Geschmack, sondern schwelgt in der Vorfreude auf den Kuchen, den Simone für uns gebacken hat, und wünscht, ich solle endlich die Wanne mit dem gedeckten Tisch vertauschen.

Die Haut möchte das eine, die Zunge das andere. Oder auch – denn meine Haut wie meine Zunge bin ich selbst – *ich* möchte im einen Organ dies, im anderen das Gegenteil. Und sobald ich aufmerksamer auf mich achte, merke ich, daß ich – in anderen Organen – noch viel mehr möchte. Füße und Lunge hätten Lust auf einen Trab, das Auge würde sich gern der Herbstpracht freuen, während es die Ohren nach dem Kopfhörer verlangt. Und alles das möchte *ich*. Unzweifelhaft bin ich vieles. In jedem Organ bin ich auf andere Weise ich.

Bin ich auch eines? Sind die vielfältigen Organ-Weisen auch in einem Verbindenden geeint, das ihre jeweilige Sonderperspektive auf den umfassenden Horizont hin öffnet: auf *mich?* Manchmal möchte ich daran zweifeln. Ähnlich wie ein Feuerwerk scheine ich ein Bündel bunter Einzelmotive, die miteinander abwechseln, stärkere überstrahlen schwächere. Was ich zu tun vermeine, ist eher passives Geschehenlassen, nicht ich wirke eigentlich, sondern eine seelische Kausalität wirkt sich aus. Da folgt dem Biß ins Knäckebrot der Blick in die Zeitung und der Spott über den Werbefunk. Nicht ich handle, sondern allerlei tut sich in mir.

So ist es aber nur in schwachen Zeiten, wenn das Ich müde ist. Es gibt andere Zeiten, da »nehme ich mich zusammen«, vollziehe meine personhafte Einheit in und über den einzelnen Organvollzügen. »Ich bin ganz da«, bin wache, gespannte Aufmerksamkeit und erfahre mich als die schöpferische Quelle dessen, was in mir geschieht. Am deutlichsten wird solche Selbstpräsenz des Ich beim Entschluß der Person. Daß ich den Stöpsel herausziehe, ist nicht bloß die Folge eines zufälligen Sieges der Zunge über die Haut. Vielmehr habe *ich,* der in beiden Organen eine und selbe, es so gewollt, weil *ich* es für wichtiger halte, jetzt mit meinen Lieben zusammen Kuchen zu essen – worauf wir uns schon lange gemeinsam freuen – als mich weiter im Warmen zu suhlen. Der Zunge Lust ist nicht die Ursache, sondern eine Folge dieses *meines* persönlichen Wollens; nicht nur zwischen Zunge und Haut vermittle ich, sondern *über* sie und alle anderen Sonderinteressen habe ich zu entscheiden.

Aber auch *in* jeglichem meiner Glieder lebe ich als Person. Nicht bloß meine Haut wird gestreichelt oder gekratzt, sondern ich in ihr; nicht bloß meine Finger zupfen an Saiten, sondern ich spiele Gitarre; nicht bloß mein Fuß genießt den federnden Waldboden, sondern ich als er. In allen Organvollzügen bin ich ihr allgemeines Wesen, über sie als einzelne hinaus reiche ich als personhafte Einheit des Ganzen, das ich bin. Die Katze kratzt mich am Finger, der Hund bisse nur den Finger tot, nicht mich. *Bin* ich also der Finger oder nicht? Für die Katze ja, für den Hund nein; sofern und solange ein Glied zum Leib gehört, gilt die Immanenz des Ich im Glied; sofern und sobald ein Glied vom Leibe abgesondert sein eigenes Leben zu vollziehen wähnt, gilt die Transzendenz des Ich über die Glieder.

Diese unmittelbare Grunderfahrung liefert uns den prägenden Rahmen des Gottesverständnisses, den wir suchen. Die Bedingungen sind erfüllt. In jedem Organvollzug bin ich eine personhafte Wirklichkeit, ebenso als das »Ich-überhaupt«, das jedes Glied-Ich übersteigt. Viele begrenzte, bestimmte Personvollzüge stehen *einer* umfassend-bestimmenden Person gegenüber. Deshalb gilt die Proportionalgleichung: Gott verhält sich zu uns Menschen ähnlich wie mein Ich-überhaupt zu meinen vielen Glied-Ich-Vollzügen.

Alle Wahrheit des üblichen Herrgott-Verständnisses wird in diesem tieferen Paradigma bewahrt. Natürlich bin ich der Herr meiner Glieder. Meine Finger schreiben jetzt genau das, was *ich* will. Ich bin ihnen überlegen, bestimme sie, bei Konflikten gilt meine Autorität. Zugleich sind aber – Wahrheit der Unfrommen – alle autoritären Mißverständnisse ausgeschlossen. Ich bin nicht der Rivale meines kleinen Fingers, sondern sein Leben. Nicht nur darf er, nein, er kann nichts gegen mich haben. Wenn doch, dann ist er krank. Soweit er sich ins Ganze des Leibes einfügt, liebe ich ihn als meine eigene Wirklichkeit. Jegliche Rivalität ist deshalb unmöglich, weil ich ja nicht als ein *anderes* Organ ihm zugleich über bin, sondern allein als die allgemeine *Einheit* des Ganzen, das ihn als gleichberechtigt mit enthält. Er lebt, aber nicht mehr er lebt, sondern ich lebe in ihm. »Herr, erbarme Dich unser!« Nimm von uns das eingewurzelte Mißtrauen; laß uns glauben, daß Du unser Bestes nicht für Dich (einen Fremden) willst, sondern für uns in Dir!

Stellen wir uns vor, in den christlichen Kirchen – vom Kindergarten über die theologische Fakultät bis zum Altersheim – verstünden die Christen ihren Glauben ganz selbstverständlich mit Hilfe dieses Denkzeuges. Statt jenseits der Wolken sähen sie Gott inseits ihrer selbst; statt als Knecht oder unbraves Kind sähe jeder sich selbst und den anderen als lebendige Zelle in einem Organ jenes Leibes, dessen all-erfüllendes persönliches ICH kein anderer ist als Gott selbst – einer so denkenden Kirche fiele es leichter, die Freiheitsbotschaft des Kolosserbriefes ernst zu nehmen: »Darum soll euch niemand verurteilen wegen Essen und Trinken oder wegen Festen, Neumond- und Sabbattagen. Das sind bloß Schatten des Zukünftigen, *der Leib aber ist des Christus«* (2,16f).

Das Großartige am Leib-Verständnis ist, daß es so leicht verständlich ist. Der einfachste Mensch begreift: ich bin auch in meinem Daumen ich selber, aber anders als im kleinen Zeh und wieder anders in Ohr, Auge, Magen oder Lippe. Und nochmals etwas anderes ist es, wenn ich mich einfach nur rein als mich selber erlebe: ja, ich bin ich. Auch dies ist ein ganz bestimmtes Erlebnis, obwohl dabei – verglichen mit den Körpergliedern – keine bestimmte Konzentration geschieht, sondern jenes (insofern allgemeine) Ich, welches in ihnen allen auf je besondere Weise lebt, sich jetzt rein auf sich selber bezieht.

3. Mögliche Mißverständnisse

Er: »Du bist die Rose meines Lebens.« Sie: »So dornig bin ich doch gar nicht!« – Jeder Vergleich ist mißverständlich, solange nicht klar ist, wo der Vergleichspunkt liegt. Auch beim Leibgleichnis müssen wir den springenden Punkt genau abgrenzen, sonst wird aus begeisternder Wahrheit gröbster Unsinn.

Erstens: Wenn ich von so etwas wie »Fingerbewußtsein« rede, meine ich kein Bewußtsein, das der Finger etwa in sich hätte, ohne daß ich davon weiß. Eine solche Vorstellung ist allzu märchenhaft und unwahrscheinlich. Nichts Abgetrenntes, Eigenes ist das Fingerbewußtsein, sondern schlicht *mein* Bewußtsein, sofern es sich von inseits des Fingers her auf ihn (etwa seine Wärme) und seine Tastwelt konzentriert. Sofern ich den Finger sehe, ist er mir objektiv, äußerlich gegenwärtig; sofern ich aber jetzt *als* Finger den Füller spüre, insofern ist die Rede von einem subjektiven Fingerbewußtsein zutreffend und jedem verständlich, der die beschriebene Erfahrung ausdrücklich macht. Das Verhältnis dieses Fingerbewußtseins zum Ichbewußtsein überhaupt, wie es sich auf kein Glied besonders, sondern rein auf sich selber konzentriert, diese unmittelbar erfahrbare Struktur ist beim Leib-Paradigma das Gleichnis unseres Verhältnisses zu Gott.

Zweitens: Ist nicht das Ich des Menschen von seinem Körper abhängig? Ohne eine Mindestausstattung an gesunden Gliedern gibt es kein Ichbewußtsein. Es beginnt später als der Körper, wird jede Nacht unterbrochen und endet oft lange vor dem leiblichen Tod. Auch während es besteht, hängen seine Stimmungen von körperlichen Einflüssen ab. So ist es bei Gottes Leib nicht, er hängt vielmehr umgekehrt von seinem ewigen Ich ab. Gottes reine Geistigkeit ist keine nachträgliche Integration der Geschöpfe, sondern geht der gesamten Schöpfung voraus. Macht dieser Unterschied den Leibbegriff nicht ungeeignet, Leitkategorie des christlichen Glaubens zu sein? Nein; denn Gleichnispunkt ist *nicht* die *physisch*-ursächliche Beziehung von Leib und Ich, sondern allein das *bewußte* Zueinander von reinem Ich und Glied-Ich. Von den objektiven *Bedingungen* sehen wir ab, unser Gedanke verweilt ganz bei den *Inhalten*, die sich innerhalb des Bewußtseins abspielen. Da stimmt der Vergleich. Das reine Ich weiß sich durch und durch unabhängig von allen Gliedvollzügen; ich bin und weiß von mir in reiner Unbestimmtheit, auch ohne daß ich mich auf meinen Herzschlag, mein Atmen oder einen Finger konzentriere.

Drittens: Gleichnispunkt ist die subjektive *Selbigkeit* der *verschiedenen* »Glied-Ich-Vollzüge«. Nicht aber behaupte ich, daß auch die objektive Struktur-Einheit des menschlichen Leibes im Großen ihre Entsprechung habe. Das Weltall als riesiges Lebewesen, dieser Mythos stimmt gar zu schlecht zum neuzeitlichen Blick hinaus in die eisig leeren Räume. Der römische Gelehrte Varro nannte die Felsen Gottes Nägel und die Bäume seine Knochen; solche Vergleicherei erscheint uns lächerlich. Wie viel oder wie wenig das Universum mit einem Organismus gemein habe, das ist gewiß eine interessante Frage an die Wissenschaft, betrifft aber nicht das Thema des Glaubens.

Verstehen wir das Wort »Seele« im aristotelisch-scholastischen Sinn, also als Form, d. h. umfassende Sinnstruktur des Leibes, dann darf Gott nicht Weltseele heißen, weil er nicht diese Struktur ist, sondern ihr Schöpfer. Mein einfaches Ichgefühl lebt inseits der komplexen Sinnstruktur, als welche die Wissenschaft meinen Körper kennt; unendlich weiter inseits der (ganz anderen) Sinnstruktur des

Universums lebt das göttliche Ich. Nicht die Sinnstrukturen sind vergleichbar, sondern allein ihre Beziehung zum Ich.

4. Auch Geschöpfe sind Glieder

Nachdem wir unser Denkzeug – mittels der drei Präzisierungen – scharf eingestellt haben, entdecken wir, daß der so gereinigte Begriff »Glied-Ich« mehr leistet, als wir zunächst wußten. Ausgegangen waren wir von Haut und Zunge. Beim gesunden Auge und Ohr steht der Name des Körpergliedes stellvertretend für das innere Organ: die Sehkraft, ausgerichtet auf den Kosmos der Farben, und die Hörkraft samt ihrem Reich der Töne. Meinem Landschaftserlebnis jetzt entspricht in meinem Gehirn eine ganz bestimmte Ganglienschaltung, d. h. ebenfalls ein körperliches Glied. Jagende Wolken vor später Sonne, Windesrauschen und Vogelschreie – alles dort draußen Wahrgenommene lebt in mir als »informationelles« Glied meines Gehirns.

Ebenso, wenn ich nun bei geschlossenen Augen mir eine schwarze Rose vorstelle oder zum Windgebraus Beethovens Freudenchor füge. Oder wenn in Verdis Gehirn Rigoletto seine Gilda tröstet. Alle Schöpfungen kreativer Menschen sind im Moment ihres Entstehens ebenfalls leibliche Glieder! »In Ihm leben wir, bewegen wir uns und sind wir« (Apg 17,28). Nichts anderes als Gedanken unseres Schöpfers sind wir, von ihm ausgedacht, kraft seines Bewußtseins im Sein erhalten. Gottes Denken ist zugleich unser Gedachtsein, d. h. unser Sein, ähnlich wie Verdis Schaffen zugleich Gildas Erdachtsein ist, in welchem ihr Sein besteht. *So* ist die Kreatur Gottes Werk: nicht wie die Truhe des Schreiners, sondern wie die Figur eines Dichters oder Komponisten. Beachten wir aber auch hier genau den Gleichnispunkt. Nicht an Rigoletto in der Partitur oder auf der Bühne, also außerhalb seines Schöpfers, sollen wir denken; so würde alles falsch, denn es gibt kein Außerhalb Gottes. Ganz in seinem Geiste bleiben wir – und sind dennoch frei. Das ist, wenn wir drei Schriftstellern glauben wollen, sogar bei den Geschöpfen menschlicher Verfasser so. Somerset Maugham berichtet: »Eine Gestalt im Kopf eines Schriftstellers – solange sie ungeschrieben – bleibt dessen Besitz; seine Gedanken kehren beständig dorthin zurück, und während seine schöpferische Einbildungskraft sie langsam bereichert, erfreut er sich des einzigartigen Vergnügens, darum zu wissen, daß dort, in seinem Geist, jemand ein selbständiges, vibrierendes Leben führt, seiner Phantasie gehorcht und doch in einer seltsam eigenwilligen Art von ihm unabhängig ist.«[1]

Dorothy Sayers weiß: »Alle Gestalten, von der wichtigsten bis zur unwichtigsten und von der besten bis zur schlechtesten, müssen einen Teil vom Geiste des Schöpfers darstellen, wenn sie lebendige Schöpfung sein sollen ... Trotz allem aber hat der freie Wille einer wirklich geschaffenen Gestalt eine bestimmte Realität, welche der Schriftsteller nur auf eigene Gefahr verachten kann. Es kommt manchmal vor, daß die Fabel von ihren Gestalten ein Verhalten verlangt, zu dem sie, wenn es soweit ist, keine noch so hohe Erfindungsgabe des Autors zwingen kann, es sei denn um den Preis ihrer Zerstörung.«[2]

Als der argentinische Dichter Ernesto de Sábata am 23. April 1985 in Madrid den Cervantes-Literaturpreis erhielt, sagte er in seiner Rede auch: »Die Hauptpersonen eines großen Romans sind Ausflüsse, Personifizierungen des tiefstverborgenen Ich des Schriftstellers, und deshalb sind sie unerwartet, schlagen Wege ein, die der Schöpfer nicht vorausgesehen hatte, und ändern ihre Eigenschaften, während sie sich entwickeln, Eigenschaften, die sich enthüllen durch die Taten, die sie vollführen, im Maße wie die Handlung voranschreitet ... Der erfahrene Schriftsteller weiß, daß dies Phänomen unvermeidbar ist und daß es bescheiden angepackt werden muß, denn es stellt das authentische Leben seiner Geschöpfe sicher. Man darf nicht annehmen: weil sie auf dem Papier existieren und vom Autor erfunden sind, fehlt ihnen der freie Wille, es sind Marionetten, mit denen der Schreiber tun kann, was er will. Im Gegenteil: Der Künstler fühlt sich seiner eigenen Gestalt gegenüber so neugierig wie bei einem Wesen aus Fleisch und Blut, das seinen eigenen Willen hat und seine eigenen Pläne verwirklicht. Das Seltsame, was einen ontologisch bestürzen kann, ist nun, daß diese Person eine Verlängerung ihres Schöpfers ist, gleich als wäre ein Teil seines Seins Zeuge des anderen Teils, und zwar ohnmächtiger Zeuge. Was uns da aber auf den ersten Blick bestürzt, wird begreiflich, wenn wir bedenken, daß dieser Ausfluß sich nicht aus Verstand und Willen des Autors ergibt, sondern aus Strebungen seines rätselhafteren Ich. So geschieht es auch bei unseren Träumen, diesen Romanen, deren Autor

1 Vorwort zu »Cakes and Ale«.
2 Homo Creator, Düsseldorf 1953, 79f.

jeder von uns ist, mit Personen, die von nirgends stammen können als von uns selbst und trotzdem so unbekannt sind, daß sie uns gar erschrecken.«[3]

Zusammenfassung. Bei den Gliedern im üblichen Sinn sehen wir davon ab, daß sie dem Ich physisch vorgeordnet sind, betrachten vielmehr nur ihre Beziehung zum Ich innerhalb des Bewußtseins; so gesehen, hängt jeder Gliedvollzug vom Gesamt-Ich ab, kann auch dessen Geschöpf heißen. Bei den Geschöpfen der Phantasie hingegen sehen wir davon ab, daß sie auch außerhalb des Ich ein getrenntes Eigendasein erreichen können, sondern achten nur, während sie geschaffen werden, auf ihre Beziehung zum schöpferischen Ich und innerhalb seiner. Leibliche Entsprechung dieser Beziehung ist die dabei im Gehirn geschaltete Information. So präzisiert, ergeben Glied und Geschöpf von zwei Seiten her doch den nämlichen Begriff: Personhaftes Glied-Geschöpf.

5. Weisen des Ich

Beide Male konzentriert sich das Ich – entsprechend einer bestimmten leiblichen Seinsweise – auf einen umschränkten Erlebnisinhalt; es weiß sich bei den einzelnen Konzentrationsvollzügen deshalb zugleich verschieden und selbig: verschieden als *beteiligtes* Ich, überall selbig als *reines* Ich.

Beteiligt kann das Ich auf zweierlei Weisen sein, als Einzel-Ich und als Organ-Ich. Auch dieser Unterschied läßt sich unmittelbar erleben. So konzentriere ich mich jetzt ausdrücklich auf meinen linken kleinen *Finger,* spüre mit ihm (oder: als er) die glatte Tischplatte. An die übrigen Finger denke ich nicht, sie sind nur irgendwie am Rande dabei. Sodann wird umgeschaltet: Die linke *Hand* greift nach einem Buch und hebt es hoch. Jetzt spüre ich mit der Hand (oder: als sie) sein Gewicht. Die einzelnen Finger sind bewußt dabei, nicht *als* einzelne aber, sondern als Teile der Hand. Als Finger fühlte sich das Einzel-Ich, als Hand fühlt sich das Organ-Ich.

Recht versteht diese Unterscheidung freilich nur, wer strikt den relativen Gegensatz im Blick behält. Das Einzel-Ich konzentriert sich auf ein begrenztes Erlebnis, während der es umfassende Sinnverband randbewußt bleibt; das Organ-Ich konzentriert sich auf ein umfas-

3 El País internacional, 29.04.1985, 16.

sendes Erlebnis, während die ihm zugehörigen Elemente randbewußt bleiben. Natürlich läßt sich auch der kleine Finger als Organ betrachten, das viele Zellen umfaßt, und auch die Hand gehört zum Arm. So unscharf die Anwendung der Kategorie, so scharf ist sie jedoch in ihr selbst, als gleichnishafte Proportion. Da bedeutet das Einzel-Ich Gottes schöpferische Konzentration auf eine bestimmte Person, das Organ-Ich steht für Gottes Gegenwart in der Gemeinschaft. – Diese vier Leitbegriffe (reines Ich, beteiligtes Ich, Organ-Ich, Einzel-Ich) seien nun des Näheren dargestellt, und zwar eher meditativ (die Erfahrung umkreisend) als systematisch abstrakt.

Das reine Ich findet sich am deutlichsten beim Schöpfer von Phantasiewelten. Er bräuchte nicht zu schaffen. Auch ohne irgendein Geschöpf zu erdichten, lebe ich ruhig in mir selbst. Vielleicht sitze ich mit geschlossenen Augen im Schaukelstuhl und denke nichts weiter als »ich«. Das ist alles und ist zugleich genug. Von keinem Geschöpf bin ich abhängig. Ob ich schaffe oder nicht schaffe: ich bin ich, so oder so. Um dieses reine Ich zu erleben, muß einer kein Philosoph sein, sondern nur älter als sieben Jahre.

Auch im Verhältnis zum Leib läßt das reine Ich sich erfahren. Allerdings weiß ich, daß mein noch so unbestimmtes Ichbewußtsein völlig vom Funktionieren des Körpers abhängt. Strömt nur einige Sekunden lang kein helles Blut ins Gehirn, dann ade reines Ich. Für sein *physisches Daß* ist es auf den Leib angewiesen. Hier versagt das Modell. Denn Gott wäre auch dann Gott, wenn er sich keine endlichen Glieder geschaffen hätte – mindestens dürfen wir Menschen diesen Satz nicht leugnen, höchstens unser Unwissen bekennen. Das Gleichnis stimmt jedoch, sobald wir nur auf das achten, was innerhalb des *Bewußtseins* vorgeht. Da erweist das reine Ich sich als allen Konzentrationen auf Einzelvollzüge vorausliegend und überlegen. Ich bin ich. Das erlebe ich als wahr, auch während ich jedes bestimmte Körpererlebnis ausschalte.

Das »beteiligte Ich« ist der Gegenbegriff zum »reinen Ich«. Als beteiligtes ist das Ich ganz *im* endlichen Vollzug, als reines steht es zugleich darüber – was ihm mitunter schwerfällt. Wenn ich mir gerade den Daumen eingeklemmt habe, besteht keine Freiheit mehr, diese Konzentration zu unterlassen oder eine andere zu vollziehen. Dafür ist die Wirklichkeit der Beteiligung unüberbietbar. Ebenso ist der Herzenswunsch eines Zahnarztpatienten, sich während der Behandlung ausschließlich auf den linken kleinen Zeh konzentrieren zu können, in der Regel unerfüllbar. Doch nicht immer herrscht solcher

Zwang. Wenn ich friedlich in der Sonne liege, steht es ganz bei mir, welchen Körperteil ich in mein bewußtes Ich aufnehme, und auch bei solch freier Selbstbeteiligung ist die Wirklichkeit nicht gering. *Wenn* ich die Wärme in der rechten Ferse erlebe, dann ist dieses Wärmegefühl eine, und zwar meine kräftige Wirklichkeit.

Auch in den Schöpfungen der Phantasie kann das Ich mehr oder minder intensiv beteiligt sein. Die Rose, die ich mir eben vorstelle, betrifft mich wenig; will ich sie nicht mehr weiterdenken, so vergesse ich sie, und sie ist wieder, was sie vorher war, nichts. Anders ist es bei den mächtigen Gestalten aus dem Unbewußten, etwa den Archetypen, die C. G. Jung Schatten, Anima und Animus nennt. In ihnen sind wir oft so stark beteiligt, daß wir sie unwissend auf Mitmenschen projizieren und, statt die Andersheit des Nächsten zu achten, uns von der »eigenen Andersheit« unserer inneren Bilder faszinieren lassen.

Derlei Situationen sind dem eingeklemmten Daumen vergleichbar, mit dem Unterschied, daß der Projizierende sich für gesund und im besten Recht hält. Therapieziel ist in beiden Fällen die Gewißheit der *wirklichen* Beteiligung, nicht aus Zwang jedoch, sondern aus *freiem* Entschluß. Erst dann läßt das erlebte Gleichnis die göttliche Wahrheit durchscheinen. Christen glauben an eine ebenso freie wie wirkliche Selbstbeteiligung Gottes in der Welt. Denken wir alles Hinken der Vergleiche weg, dann sieht die gesuchte Struktur so aus: Das reine Ich kann sich in voller Freiheit entscheiden, ob und wie es sich beteiligen will; sofern es aber eine Beteiligung wählt, wird diese seine eigene Wirklichkeit, die dann nicht mehr frei, sondern innerhalb der gewollten Selbstbeschränkung unentrinnbar ist. Zugleich steht jedoch über allen Beteiligungen unberührt das reine Ich.

Das Organ-Ich. Woran das Ich sich beteiligt, ist ein Ganzes, in das seine Teile sich einzufügen haben. Das Ganze steht über den Teilen. Der eine oder andere Teil kann fehlen, ohne Gefahr für das Ganze. Umgekehrt ist der Teil ohne das Ganze, zu dem er gehört, nur in einer sich verirrenden Abstraktion zu denken. Wenn ich meinen Finger so denken will, wie er wirklich ist, dann gehören auch die Adern und Nerven zu ihm, die ihn mit dem Ganzen verbinden und ohne die er nicht lebensfähig ist. Ich selbst bin das Ganze, bin auch jeder Teil. Bei einem Streit werde ich aber die Partei des Ganzen gegen jenen Teil ergreifen, der sich aus krebsigem Hochmut oder aussätziger Feigheit nicht einfügen will.

So auch im Großen. Gottes Wille an mich ist mir zurecht übergeordnet. Ja, Gott ist mein Herr. Aber: Nicht du (der fremde Mächtige) willst etwas von mir, was mich in meiner Selbstwürde kränkt. Sondern du bist ICH (das Ganze) und hast deshalb das Recht, von mir (dem Teil) etwas zu verlangen, was mir (dem angemaßten Ganzen) hart oder unmöglich scheint. Wer läßt nicht entschlossen einen Fuß im Rachen des Hais, wenn er dadurch seinen ganzen Leib retten kann? »Liebe Gott aus ganzem Herzen und deinen Nächsten wie dich selbst«, das heißt demnach: in Fühlen und Tat nimm DICH, das göttliche Ganze, wichtiger als dich, diesen Teil, und sei deshalb bereit, deinen anderen Teilen vor dem, der du hier und jetzt bist, dann den Vorzug zu geben, wenn das im Sinn des Ganzen ist. Wen nicht sein Egoismus schon um die Vernunft gebracht hat, für den liegt hier keine Entfremdung vor, sondern lauterste Vernünftigkeit. – Auch im schöpferischen Ich läßt die organische Ganzheit sich finden. Bei einem Drama oder einer Gute-Nacht-Geschichte gehören alle Figuren zu einem Ganzen.

Das Einzel-Ich. Und doch kommt sogar den von menschlichen Schöpfern erdachten Einzelnen eine gewisse Selbständigkeit zu. Eine Person wie Aida etwa hat ihre unverwechselbare Gestalt auch abgesehen vom Kollektiv aller Figuren der Oper. Ähnlich kann auch ein Körperglied als Einzelwesen auftreten. Ein italienischer Roman heißt »Ich und Er«. Rummenigges Beine dürften hoch versichert sein; die Sorgfalt, die eine Diva ihren Stimmbändern zuwendet, ist Starkult im Starkult; manche Gaumenfreude wird dem Leibe leid.

Ähnlich im Großen. In keiner endlichen Gemeinschaft geht der Einzelne auf. Sein Eigenstes, das Einmalige seiner Person, wirkt sich zwar in der Gruppe aus, bereichert sie, wird von ihr auch angeregt und geformt. Dennoch bleibt es ihr unauflösbar auch gegenüber, der Einzelne ist wesentlich mehr als bloßer Teil. Er ist ein Sinn in sich selbst, und seine verschiedenen Zugehörigkeiten sind insofern Mittel, die ihm helfen sollen, seinem persönlichen Sinn gemäß zu leben. »Gottes Ruhm der lebendige Mensch« (Irenäus), das trifft auch auf den Einsiedler zu, der fern allen Gruppen seit vierzig Jahren in seiner Hütte haust.

Damit sind wir beim anderen Extrem der Struktur angelangt, die mit dem reinen Ich beginnt. Der einzelne Mensch für sich, in einem bestimmten Augenblick seines Lebens (denn auch meine Ich-Reihe vom Säugling bis zum Greis ist eine Art Gruppe, der mein jeweiliges Ich zugehört!), dieses Einzel-Ich hier und jetzt ist ein Selbstvollzug göttlicher Konzentration und deshalb eigenwertig gegenüber allen Gruppenzwängen, den kleinen in Clique oder Kollegium ebenso wie den großen im faschistischen oder sozialistischen Kollektiv.

Hatte es aber vorhin nicht geheißen, der Einzelne sei Teil eines organischen Ganzen und habe sich einzuordnen? Gewiß. Auch eine Gemeinschaft kann in Gottes Sinne sein, ein Selbstvollzug göttlicher Konzentration. Zwischen Einzel-Ich und Organ-Ich schwingt eine unaufhebbare Spannung, nicht nur tatsächlich, sondern im Prinzip. Beide sind zwei aufeinander unrückführbare göttliche Ideen. Mit beiden muß ein Mensch stets rechnen. Will er in dieser Wahrheit leben, darf er sich weder *nur* als einzelner verstehen (den die Forderungen der Gemeinschaft nichts angehen) noch *nur* als Funktion dieses oder jenes Ganzen (dem er sich willenlos auszuliefern hätte). Im aktuellen Konflikt entscheidet das souveräne göttliche Ich selbst (in der Stimme des Gewissens), ob es als Organ-Ich das Opfer meines (jetzt ungöttlichen) Ego verlangt oder als Einzel-Ich meine Stirn hart macht wider die Arroganz des Kollektivs.

Ich kann mir vorstellen, wie manchem Leser jetzt unbehaglich zumute ist. Wo man über die Wirklichkeit etwas wissen kann, ist er gern dabei; die Botschaft des christlichen Glaubens nimmt er ernst; auch Science-fiction hat für ihn ihren Reiz. Science-fiction jedoch, die sich als Darstellung der Wirklichkeit ausgibt, eine seltsam unendliche Geschichte, wo er selbst als Riesenfinger oder erdachter Einwohner des Landes Phantásien auftaucht – was soll das? Will es Dichtung sein, dann ist der Stil reichlich hölzern. Will es aber als Wahrheit auftreten – was um alles in der Welt haben derlei phantastische Sätze mit der Wirklichkeit zu tun? Dem Wissenschaftler klingen sie märchenhaft, dem Christen unerhört.

Auch wenn ein neues Paradigma sich im Rahmen des alten grundsätzlich nie *beweisen* läßt, so müssen doch Argumente es annehmbar machen. Welche Gründe sprechen für die vorgeschlagene These? Die zwei Gründe, die mich überzeugen, gleichen den Hälften einer Zange. Miteinander packen sie das geistliche Grundproblem des nordwestlichen Christen von heute, so daß er an ihm arbeiten kann. Die eine Zangenhälfte setzt beim modernen Zeitgeist an (an dem der Christ seinen Anteil hat und in welchem er die christliche Botschaft aufnimmt), die andere bei dieser Botschaft (die es heute zu verstehen gilt). Von heute her spricht für meine These, daß sie – entscheidend besser als das überkommene Herrschaftsmodell – das Dilemma von Unglaube und Aberglaube überwindet. Von der christlichen Botschaft her spricht für meinen Vorschlag, daß er ihrem ursprünglichen Impuls wesentlich genauer entspricht als das, was Theokraten, Mitläufer und Anpasser später aus ihr gemacht haben. – Anspruchsvolle Behauptungen; in den beiden folgenden Hauptteilen hoffe ich sie zu erweisen.

II. Wahrheit – was ist das?

1. Verständige Wissenschaft – vernünftige Glaubensweisheit

Zweierlei Fragen. Mittels zweier grundverschiedener Optiken kann das wissende Bewußtsein sich einstellen; solange jemand sie vermischt, bleibt sein Weltbild unscharf. Denn der Sinn eines Satzes richtet sich danach, auf welche Frage er antwortet. Der Jammer beim alten Streit zwischen Wissenschaft und Religion rührt daher, daß die Menschen sich der einschneidendsten Zweideutigkeit nicht bewußt sind. Jede Behauptung, die mit Anspruch auf Zustimmung vorgebracht wird, antwortet auf eine von zwei gegensätzlichen Fragen, je nachdem ob nach *einem Einzelnen oder dem Ganzen* gefragt wird.

Entweder heißt die Frage des Verstandes: Wie ist dieses Einzelne zu verstehen, so daß die Idee logisch in sich zusammenstimmt, den beobachtbaren Abläufen entspricht, richtige Voraussagen erlaubt? Jede solche Frage hat dieselbe Grundform: Wie funktioniert dieses Einzelne? Dabei kann das Einzelne auch das physikalische Universum sein; auch es ist dem abstrahierenden Menschengeist etwas Bestimmtes, unterschieden von anderen Forschungsgegenständen wie der Halbleitertechnik oder der Entstehung der Oper Aida.

Oder die Vernunft fragt: Wie erscheint mir oder uns das Ganze? Von welcher Seite offenbart es sich, in welchen Symbolen leuchtet es auf, welches Antlitz des Ganzen neigt sich uns zu, in welcher Perspektive stellt die Wirklichkeit sich uns dar? Nennen wir dies die Frage des Glaubens. Beide Fragen werden von jedem Menschen immer wieder gestellt, ausdrücklich oder nicht.

Die Unterscheidung zwischen Verstand (ratio) und Vernunft (intellectus) findet sich bei Augustinus, vermutlich ist sie älter. Ein flinker Wissenschaftler oder Technokrat kann auffallend dumm sein, andere blicken durch, trotz Mathe fünf. Seit dem Jahr 400 hat das Weltbild sich gewandelt, über »ewige Dinge« sprechen wir nicht mehr so leicht, der Gehalt von Augustins Einsicht aber bleibt gültig: »Wenn dies die rechte Unterscheidung von Weisheit und Wissenschaft ist, daß zur Weisheit die *vernünftige* Kenntnis ewiger Dinge gehört, zur

Wissenschaft dagegen die *verständige* Kenntnis zeitlicher Dinge, dann ist nicht schwer zu beurteilen, welches davon den Vorrang verdient.«[4] Der Verstand versteht Einzelnes, bezieht eines auf das andere, vergleicht Strukturen, läßt sich von Rechnern unterstützen oder vertreten. Die Vernunft vernimmt im einzelnen das Ganze, spürt auch in der eben zu schälenden Kartoffel die Mitte der Welt, hört im Duett zweier Blockflöten den Liebestanz des Seins überhaupt und stimmt beim Anblick des rationalen Wunderwerkes einer Atomrakete dem weisen Gilbert Chesterton zu: »Verrückt ist nicht, wer den Verstand verloren hat, sondern wer alles verloren hat außer dem Verstand.«

Jetzt, da die Neuzeit einseitiger Verstandeskultur zu Ende geht, sollten wir diese erhellende Unterscheidung nicht länger den Philosophie-Experten überlassen. Deshalb ein Hinweis auf meinen Sprachgebrauch im folgenden. Ich ordne einander zu den *Verstand* und das (Einzel-)*Wissen* einerseits, die *Vernunft* und ihren *Glauben* an einen (stets bestimmten) Sinn des Ganzen andererseits. Was üblicherweise der Konflikt zwischen Glauben und Vernunft heißt, erscheint in dieser Begrifflichkeit mithin zum einen als Glaubensdifferenz zwischen Christen und Forschern (sie besteht, trotz erfolgreicher »ökumenischer Bewegung«, vielfach immer noch), zum andern als ideologischer Widerspruch zweier Glaubensweisen (die sich beide als wissenschaftlich mißverstehen), zum dritten als innerwissenschaftlicher Disput zweier gegensätzlicher Schulen, schließlich als irgendeine von unzähligen möglichen Verwirrungen zwischen all diesen Fronten.

Galilei etwa hatte als Wissenschaftler recht: die Erde bewegt sich um die Sonne. Seine kirchlichen Gegner hatten aber recht mit ihrer Weigerung, die Erde aus der Mitte der Welt zu rücken: Mindestens was die Komplexheit der Information betrifft (neben Masse und Energie eine weitere fundamentale Meßgröße) brauchen wir uns vor niemand im All zu verstecken. Was sind alle atomaren Feuerschlünde von Sonne und Sirius gegen das Lächeln deines Kindes? Oder denken wir an den Laplaceschen Dämon, der aus der genauen Kenntnis aller Atomzustände in einem gegebenen Augenblick gemäß strenger Kausalität alle früheren und späteren Zustände des Universums berechnen könnte. Um 1800 galt diese Idee als fortschrittlichste Wissenschaft, das christliche Freiheitsbewußtsein stand auf scheinbar verlorenem Posten – und doch hat ihm später die Quantenphysik seine wissenschaftliche Unwiderlegbarkeit zugestanden.

4 De Trinitate XII 15,25; PL 42,1012.

Verwechslung führt zum Mißverständnis. Der Verstand hat es mit Einzelnem als solchem, die Vernunft mit einem bestimmten Gesicht des Ganzen zu tun. Dem Verständigen heißt »wirklich« ungefähr soviel wie: jetzt schon dort draußen. Wirklich ist der Stein, an den ich stoße, der Kuchen, der mir schmeckt, die Schule, die mich stört, sogar die unfühlbaren Wellen, die mein Radio mir in Töne verwandelt. Vom Polizisten, der mich lichtlos auf dem Fahrrad ertappt, bis zum Bundestag, den ich mitwählen darf, ist auch der Staat mir eine Wirklichkeit. Dem Frommen geht es ähnlich mit der Religion. Vom Weihrauch bei der Erstkommunion über verschiedene Arten von Pfarrern bis hin zum vorgestellten Gott jenseits im Himmel ist auch das Heilige alles irgendwie jetzt schon dort draußen. Erfährt einer dann, daß sich im Himmel nichts dergleichen findet, dann gerät sein Weltbild in die Krise. Gott ist nicht festzustellen. Wäre Gott also nicht wirklich?

Dem Vernünftigen heißt »wirklich«: das Ganze, wie es sich einem bestimmten Standpunkt zeigt. Natürlich sind, als Elemente des sich zeigenden Ganzen, auch Steine, Kuchen, Radiowellen, Weihrauch und Gottesbild wirklich. Sie alle *wirken* in meiner Welt auf mich ein, insofern sie mit das Ganze bilden. Dieses offenbart sich dem Glauben wesenhaft perspektivisch. Dem einmaligen Gesicht eines jeden Menschen neigt das ebenso einmalige Antlitz des Ganzen sich zu.

Zahllose Mißverständnisse ergeben sich aus der Verwechslung von Glaubens- und Wissensfrage. Die liegt allerdings nahe, läßt sich nur bei schärfster Aufmerksamkeit vermeiden. Denn dem aufs Einzelne Bedachten erscheint jeweils, in diesem Einzelnen, das Ganze. Umgekehrt spiegelt dem aufs Ganze Bedachten es sich stets in irgendeiner Struktur ab, die als so bestimmter Informationsgehalt ein exakt umrissenes Einzelnes ist, von Brechts Septemberwolke (»sie war sehr weiß und ungeheuer oben«) bis zum Gottesbild im Kopf des jeweils regierenden Papstes. Erst recht wenn irgendeine Erscheinungsweise des Ganzen von einem schöpferischen Bewußtsein *ausgedrückt* wird, bildet dieser Ausdruck ein bestimmtes Einzelnes, ist dadurch nicht nur mögliches *Thema* einer Sonderwissenschaft, sondern wird auch leicht selbst als *Antwort* auf eine Wissensfrage mißverstanden. Viele solche Ausdrucksgestalten, die während langer Zeiten zahlreiche Gemüter prägten und von ihnen angereichert wurden, haben uns jedoch als beides zu gelten, als Antworten auf Wissens- und auf Glaubensfragen.

Doch müssen wir beide Funktionen auseinanderhalten. Zum Beispiel wußten Verfasser und erste Leser des Buches Jona genau, daß hier die Geschichte eines seelischen Entwicklungsweges erzählt, also eine Glaubensfrage beantwortet wird. Spätere, barbarischere Leser nahmen den Bericht als empirische Information wörtlich; noch ich mußte als Kind all das, was ich für Glauben hielt, zusammennehmen, um dem Zweifel zu widerstehen, wie der arme Jona der Magensäure des Walfisches widerstanden habe. Heutige Kinder lernen schon im Religionsunterricht, daß solche Gewissenspein unnötig war – auch ihre Katecheten haben aber in der Mehrzahl noch nicht eingesehen, *wie* folgenreich einschneidend der Gegensatz von Wissens- und Glaubensfragen ist, sobald wir ihn radikal zu Ende denken.

Gleich von welcher Mythologie, Philosophie, Ideologie oder »Wissenschaft« eines Menschen Vernunft geprägt wird – wie das Ganze ihr erscheint, so ist es wirklich; denn Wirklichkeit *ist* nichts anderes als eine je bestimmte Perspektive des Ganzen. Dies ist das axiomatische Urprinzip, hinter das zurück ich keinen Weg sehe. Auch wenn eine Weltkonzeption als Wissen später widerlegt wird (denken wir an eine alte Astronomie: das Firmament sei eine gewaltige Kuppel mit den Sternen als Löchern, durch die das Himmelsfeuer auf die Erde scheint), bleibt sie als symbolische Glaubenswahrheit gültig: Auch wer im Finstern leben muß, ist vom Himmelslicht nicht abgeschnitten. Jener Vorstellung entsprach zwar nicht die wißbare Struktur der himmlischen *Augen,* wohl aber strahlte des Erhabenen *Blick* wirklich die Botschaft aus, die man in ihm las. Ähnlich wie bei naiven Jona-Lesern war auch hier die Auskunft nicht richtig und trotzdem wahr.

Sollte jemand versucht sein, diesen letzten Satz als Trick abzutun, als schäbige Immunisierungsstrategie, dann macht er es sich zu leicht. An den Sternlöchern liegt mir nichts, meine Weltsicht ist anders. Doch brennt das Bewußtsein in mir – und vermutlich auch in dem, der dies liest, sonst täte er Besseres –, daß wir Heutigen letztlich und im Prinzip nicht besser dastehen dürfen als unsere Ahnen. Geht es um die Wahrheit des Ganzen, so sind Privilegien Unsinn. Dürfte der antike Nachtwandler seinem Glauben nicht trauen, obwohl die Sterne Glutmassen statt Löcher sind – dann müßte auch ich im Zweifel versinken, ob mein Glaube denn stimme. Nun bin ich aber, wie jeder Mensch, fest überzeugt, daß mein Glaube stimmt, also muß ich den Begriff der Glaubenswahrheit so definieren, daß die Menschen ihr auch in minder aufgeklärten Zeiten begegnet sind.

Allerdings gilt diese Gewißheit streng nur vom Ganzen *als* Ganzen; beim Urteil über Einzelnes gibt es Wissen und Irrtum, Illusion und Enttäuschung auch dann, wenn ein Einzelnes jemandem für das Ganze steht. Ihm scheint zum Beispiel, sie liebe ihn, darum erscheint das Ganze ihm freundlich; wie aber, wenn sie nur mit ihm spielt? Jüdische Emigranten auf der Flucht vor den Nazis hängten ihr Herz an die Hoffnung, wenigstens die Sowjetunion werde der braunen Flut widerstehen. Was geschah ihrer Wahrheit im Sommer 1939, als der Hitler-Stalin-Pakt bekannt wurde? Sofern eine Weltdeutung durch Einsichten oder Ereignisse widerlegt werden kann, hat sie nicht das Ganze *als* Ganzes gemeint. Der Kirschblütenzweig in der Morgensonne scheint ein Einzelnes zu sein; geistlich erlebt, steht er jedoch für das Ganze, wird von Winter, Dreck und Sterben nicht widerlegt. Ebenso wird die Seligkeit des Verliebten und die vernünftige Hoffnung der Emigranten, *aufs unbegreifliche Ganze gesehen,* nicht dadurch falsch, daß ihr endliches Gefäß zerbricht. Sofern sie freilich (nicht glaubten, sondern) vermeinten, sie hätten das Ganze wie sonst irgendein Verfügbares im Griff, sind sie der Täuschung erlegen.

Wie man zur Antwort auf eine Verstandesfrage findet, lernt jeder Schüler: durch Experimentieren, Vertrauen in die scientific community (angefangen mit dem Banknachbarn), bestenfalls durch einen Einsichtsblitz wie des Archimedes Heureka. Wie aber beantwortet sich einem Menschen die Glaubensfrage seiner Vernunft?

2. Innerhalb des Glaubens: zweierlei Situationen

Da müssen wir wieder einen wichtigen Unterschied begreifen. Das eine ist die Wirklichkeit vor der Frage, das andere ist der unaufhörliche Weg des Ausgleichs der vielen Antworten auf die Frage.

Erste Glaubenssituation: Dem Ganzen ist – im jeweiligen Horizont – zu vertrauen. Die Wirklichkeit vor der Frage ist nicht eine Ant-wort; eine solche setzt ja das fragende Wort voraus. Anders das Ganze. Es ist vor uns da. Ehe wir eine Frage an es richten können, hat es sich uns immer schon offenbart. Wie? Daran er-innere sich jeder selbst. Viele Gesichter hat das Ganze dir schon gezeigt, schöne und schreckliche. Mit der Geborgenheit im Mutterleib fing alles an, mit deren gräßlich frühem Ende ist es für viele auch schon wieder vorbei.

Wer die Reise antreten darf durchs volle Menschenleben, der steht Nu für Nu vor seinem besonderen Horizont des Ganzen. Dieser ist bestimmt durch die verschiedensten Koordinaten, zum Beispiel

Raum, Zeit, Volk, Kultur, Landschaft, Körper- und Seelenzustand, Mitmenschen. Sie alle finden sich zusammen im Medium der *Sprache*. Ob in Bali, Bayern oder Burundi, überall erfährt der junge Mensch aus dem Geflecht der Reden, in das er hineinwächst, wie es sich mit dem Ganzen verhält.

Durch vielerlei bunte Sprachfenster erreicht ihn das Seinslicht: Mutter- und Vaterliebe; Sieg und Niederlage; Einsamkeit und Freundschaft; Herbst und neuer Frühling. Erfahrungen werden nicht nur stumm erlebt, sondern gesagt und verstanden; jedes individuelle Verständnis aber bleibt umfangen von der machtvollen Tradition der Sprache, in der es sich vollzieht. Durch sie vermittelt, offenbart sich jeweils das Ganze, so oder so, und immer vor jeder weiteren Frage. Sogar wenn jemand mitten in Zweifeln und Krisen steckt, auch dann zeigt das Ganze sich ihm auf bestimmte Weise, eben als frag-würdig: Dann ist jetzt dieses seine Wirklichkeit vor der Frage.

Der Botschaft des Ganzen darf, kann, soll, muß, will ich trauen. Nichts anderes bleibt mir übrig. Natürlich soll ich *dann* auch fragen, vergleichen, urteilen. Dann, aber nicht zuerst. Sondern erst nehme ich die Wirklichkeit an. Tut einer das nicht, wie will er je zu irgendeiner Wahrheit finden? Jeder frühere oder spätere Tag, jeglicher andere Ort ist ja ebenso geschichtlich wie mein Hier und Jetzt! Muster der Wahrheit des Ganzen ist kein mathematischer Lehrsatz, sondern eine wahre Geschichte. Auch die Historie, ja sogar die ganze Wirklichkeit ist eine story. Alles hätte auch ganz anders kommen können. Wären andere Moleküle damals in der Ursuppe schneller gewesen als jenes eine – wie stünden »wir« heute da?

Das griechische Wort für Wahrheit (aletheia) heißt wörtlich: Unverborgenheit. Nach so vielen Jahrhunderten der Wissenschaftsbegeisterung (Wahrheit = Richtigkeit) und Systemkonstruktion (Wahrheit = Durchsichtigkeit für das Bewußtsein) war es in der Tat, wie Gadamer bezeugt, »eine schlagende Erkenntnis, als Heidegger in unserer Generation auf den Sinn des griechischen Wortes für Wahrheit zurückgriff«[5]. Wo Menschen sich bemühen, ohne zu lügen über sich und Alles zu sprechen (und sei es im Selbstgespräch), da offenbart sich die Wirklichkeit; in solcher je perspektivischen Unverborgenheit besteht das Wesen der Wahrheit. Ihr ist schlicht zu trauen. Sie ist prinzipiell unüberholbar; alles Weitere wird von dieser ersten Glaubenssituation fundiert.

5 *Hans Georg Gadamer,* Kleine Schriften I, Tübingen 1976², 48.

Sofern wir in ihr leben, sind auf radikale Weise alle solchen Perspektiven einander gleichrangig; das Leib-Paradigma macht verständlich, warum. In der Ichwürde meiner Glieder gibt es keine Stufung, ich bin überall ich, ob sehend im Auge oder tastend im Finger. Ähnlich gibt es im Ganzen bei zwei unverbundenen Perspektiven keinen Vorrang der einen vor der anderen.

Um diese Folgerung kommt der stolzeste Europäer nicht herum. Angenommen, ein Uwaldpygmäe erlebt jeden Regentropfen als eine Träne, vom Himmelsgeist geweint – geben wir nicht zu, daß sie ihm das wirklich und wahrhaftig *ist,* dann verlieren wir jedes Recht, unseren jeweiligen Glauben, ob linkskatholisch oder reformiert, neubuddhistisch oder bairisch-liberal, für uns selbst als *die* Wahrheit zu erachten. Und was spricht denn, genau besehen, gegen die himmlischen Tränen? Gibt es nicht allerlei Tränen: aus Wut, Schmerz, Wehmut, übergroßer Freude? Hat der Himmelsgeist, wenn er auf uns und die übrige Welt herabschaut, nicht Grund genug für jedes dieser Gefühle? Barfuß tanzen im Regen, von erhabenen Freudentränen besprüht – ich traue mir zu, das in wenigen Monaten sogar als Besucher zu lernen, wieviel mehr, wenn ich in einer Kultur aufwachse, der dies seit Generationen selbstverständlich ist. Der Eurozentrismus gehört an seiner Wurzel abgehackt.

Vor jeder weiteren Frage *ist* die Wirklichkeit als die Geschichte all der Eindrücke, die das Universum als Eines und Ganzes je auf irgendein Bewußtsein gemacht hat, von den vergessenen Anfängen über den Ursäuger, der sich in der Sonne räkelt, bis zum Atomforscher, der aus dem Labor unter die Sterne tritt und sich auf russisch oder englisch bang fragt: Wer bin ich, daß ich das tue, was man mich heißt? Ähnlich, wie jede Beteiligung deines Ich in irgendeinem Glied oder Geschöpf als gelebt eine deiner Wirklichkeiten ist und als erlebt eine deiner Wahrheiten, so ist wirklich das Ganze, wie es in irgendeinem Einzelnen sich darstellt, und wahr dasselbe Ganze, wie es für dieses Einzelne erscheint.

Die Wahrheit der Zweifler. Weil jede irgendwem erscheinende Wahrheit des Ganzen geschichtlich ist, deshalb ist jede immer nur auch wahr, nie allein und total wahr. *Keine Wahrheit des Ganzen ist total wahr.* Denn jeder Standpunkt kann das Ganze nur in bestimmter Perspektive sehen; jedem bleibt manches verdeckt, das meiste unsichtbar. Selbstverständlich gilt das auch für meine Perspektive, wie ich sie in diesem Buch darstelle. Auf paradoxe Weise gibt sie darum sogar dem recht, der ihr widersprechen zu müssen meint, weil er den vorgeschlagenen Wirklichkeits- und Wahrheitsbegriff für Unsinn erklärt: »Das Ganze« sei eine anmaßliche Leerformel; es gebe überhaupt kein sogenanntes Ganzes, das dem einen so, dem anderen anders erscheine; es gebe ausschließlich solches und solches Einzelne, nach jedem frage irgendeine Wissenschaft. Die angebliche Glaubensfrage und jede Antwort auf sie sei nur ein Manöver von Dunkelmännern, denen es um ganz anderes gehe als das Ganze.

Auch diesen verbreiteten *Glauben* erkenne ich als *eine* Wahrheit an, kraft meines Prinzips muß ich es. Anscheinend zeigt das Ganze sich vielen tatsächlich als Klecksgefüge, nicht als Bild. Ich gebe also zu, daß es das *auch* ist, und strenge mich an, von den Durchblickern möglichst viele ihrer Richtigkeiten zu lernen. Auch das hehrste Licht wirft seine Schatten, die seien nicht verdrängt. Wer eine sogenannte Symphonie nicht so nennen mag, weil er sie keineswegs als Zusammenklang, vielmehr als Lärm erlebt, auch der steht in seiner Wahrheit, darf sie sagen und sei mit Respekt angehört.

Allerdings erlaube ich mir, den Ausschließlichkeitsanspruch jener Mono-Ideologie für mich nicht verbindlich sein zu lassen. Daß nämlich das Ganze *bloß* ein wirres Auseinander sei und *nicht* auch ein intensiv Eines – die in dieser Behauptung enthaltene Negation ist weder wissenschaftlich richtig (offenbar ist hier ja von keiner Einzelfunktion die Rede!) noch ein wahres Glaubensbekenntnis, gehört vielmehr selbst in die Kategorie abergläubisch-fanatischer Grenzüberschreitungen. Solche passieren immer da, wo man zwischen Wissenschaft und Glauben nicht unterscheidet, sondern den eigenen Glauben für Wissen hält und deshalb fremden Glauben für falsch erklärt, weil er etwas als richtig Gewußtes leugne.

Wem das Weltall mithin nur als vielfach erscheint (als Multoversum statt Universum), der nehme diese seine Perspektive hin und mache das Beste aus dem Ausschnitt, der ihm offensteht. Sinnloses selbst mit Sinn anreichern zu dürfen ist etwas vom Sinnvollsten, das sich finden läßt. Auch bekenne er seinen Glauben, so laut und werbend er kann, dagegen ist nichts zu sagen. Doch gebe er ihn nicht als Wissenschaft aus, das wäre unredlich. Auch gestatte er sich und seinen Nachbetern nicht länger, jeden nicht-szientistischen Glauben als Hinterwäldlerei abzutun, das ist intolerant und unter dem von der Diskussion erreichten Niveau.

Zweite Glaubenssituation: Begegnung mit fremdem Horizont. Kommt einer zum Rabbi und klagt ihm seinen Streit. Hm, du hast recht, darf er hören. Kaum ist er draußen, erscheint sein Gegner. Hm, du hast recht, versichert der Rabbi auch ihm. Wie er fort ist, krabbelt das Söhnchen unter dem Tisch hervor und schüttelt den Kopf: Aber Papi, du kannst doch nicht beiden recht geben. Ja, du hast auch recht, klärt der Rabbi. – Zugegeben, daß die Wirklichkeit nichts anderes ist als die Summe aller widersprüchlichen Perspektiven, bei der Wahrheit, so scheint es, kommen wir nicht so billig davon. Wenn zwei Sätze einander widersprechen, können nicht beide wahr sein. Sonst hat der Begriff »wahr« keinen Sinn mehr.

Und doch! Nur wenn jeder das Ganze, wie es ihm sich zeigt, in der ersten Glaubenssituation zunächst einmal gelten läßt, gibt es philosophische Wahrheit. Hätte keiner recht außer dem, der das Ganze leugnet und nur nach Einzelnem fragt, dann hätte die Philosophie sich in Wissenschaft aufgelöst und die Religion in Psychologie. Nimmt dagegen jeder Mensch inmitten seiner Erfahrungen und Traditionen das Ganze von dort aus ernst, dann steht er auf einem prinzipiell unerschütterbaren Punkt. »Er hatte einen Horizont mit dem Radius Null, und den nannte er seinen Standpunkt« – so soll es allerdings nicht sein. Zur festen Mitte gehört nicht nur das unendliche Ganze um sie her, sondern auch, strahlenförmig, die Vielfalt intensiver Beziehungen zu anderen Standpunkten.

Dank der Begegnung mit ihnen wird die Urhelle der eigenen Perspektive immer neu in Licht und Schatten gegliedert. Eben weil ich dem anderen im Prinzip ebenso recht geben muß wie mir, deshalb muß er ja irgendwie auch in dem recht haben, worin er mich ablehnt. Zum Ganzen, wie es ihm sich zeigt, gehört auch meine Finsternis, die ich selbst nicht wahrnehme, weil definitionsgemäß meine eigene Perspektive mir ja das Helle ist. Einander wechselseitig den toten Winkel ausfüllen zu helfen, das ist der Sinn des Streits. Indem der Kreis (um mich als Mitte) zur Ellipse (mit mir und dir als Brennpunkten) erstirbt, erwachsen aus der je eigenen Selbst- und Seinserfahrung im Gespräch die weiterführende Selbstkritik und das gemeinsame Seinsverständnis. Ähnlich wie bei irgendeiner Einzelfrage die gemeinsam verstandene Sinneserfahrung zur Wissenschaft der Fachleute wird, so bei der Frage des Ganzen die gemeinsam vernommene Seinserfahrung zur Weisheit des Menschengeschlechtes.

Solange zwei Seinsperspektiven einander nicht begegnen, ist jede für sich hell und wahr – gleichgültig wie unvollkommen sie im Rückblick, nach der Begegnung, auch erscheinen mag. *Dieses zu sein ist wichtiger als jenes nicht zu sein.* Auch so läßt der Sieg des Seins über das Nichts sich ausdrücken. Die Wirklichkeit ist zuinnerst demokratisch und gerecht; niemand lebt *primär* von fremdem Urteil. Sobald zwei Standpunkte einander aber begegnen, sollen sie nicht naiv-flach bleiben, sich vielmehr durch das fremde Licht zu deutlicherem Relief bringen lassen.

Wo ein Deutscher »richtig« sagt, hört man von einem Franzosen vielleicht »d'accord«. Er stimmt zu, stimmt sich, wie eine Saite (corda) bis zum Einklang. Wahrheit hat mit Verständigung, Einverständnis zu tun. Dem Zebra zeigt die Wirklichkeit sich anders als dem Löwen, der christlichen Dame anders als dem maurischen Ritter. Doch bleibt dem einen Tier die Welt des anderen finster und deshalb auch die eigene nur wirklich, nicht wahr. Sobald dagegen eine Perspektive zu einem Standpunkt *spricht,* wohnen beide gemeinsam im selben Haus der Sprache, jede Teilwirklichkeit wird mitteilbar, offen, hell. Solche Helle nennen wir Wahrheit. Sie überwindet die Schranken von Raum und Zeit: des Raumes zwischen mir und dir im Gespräch, der Zeit zwischen mir jetzt und mir damals oder dann in der währenden Formulierung.

Der Haus-Vergleich ist es wert, daß wir ihn ausführen. Im Haus der Sprache gibt es viele Wohnungen mit zahlreichen Fenstern, aus jedem sieht das Ganze sich anders an. Ein Fenster ist meines. Blicke ich aus ihm, dann lebe ich die eben dargelegte erste Glaubenssituation: Die Wirklichkeit ist so, wie sie sich mir zeigt, und so meine ich sie auch mit meinen Worten. Diese sind sozusagen die Fensterscheiben, *durch* die ich zwar sehe, nicht *sie* aber, sondern die Wirklichkeit selbst. Sie scheint durch meine Glaubensworte in mich ein. Welche sind das? Zum einen die, mit denen man mich gelehrt hat, das Ganze zu sagen, sie gleichen dem Fenster meines Kinderzimmers.

Zu Glaubensworten können später auch solche werden, die sich mir durch Begegnung und Auseinandersetzung erschlossen haben. Damit sind wir bei der zweiten Glaubenssituation. Ich spreche ja nicht nur unsere Worte, ich höre auch eure. Die sind mir zunächst fremd. Ihr habt mich mit in eure Wohnung genommen, und jetzt versuche ich, das Ganze aus eurer Perspektive zu sehen. Das ist freilich nicht so leicht wie der neugierige Blick aus fremdem Fenster im Wortsinn. Denn im Haus der Sprache trägt jeder seine »Ansichten« mit sich, projiziert sie aus seinen Augen in die Weite, während er zugleich die fremde Ansicht in sein Auge strömen läßt – ohne Kopfweh geht es dabei kaum ab. Der Vergleich des gespeicherten mit dem empfangenen Weltbild ist eine anstrengende Leistung. Was gehört alles zu ihr, worin besteht die zweite Situation des näheren?

Dreierlei Einstellungen lassen sich ausmachen. Erstens will ich verstehen, was *du* meinst. Du verwendest zum Teil andere Wörter, und dieselben Wörter bedeuten nicht das gleiche. Wie zeigt unser Ganzes sich dir? Je mutiger und aufmerksamer ich mich (von meiner Ansicht möglichst absehend) aus deinem Fenster zu blicken traue, um so deutlicher spüre ich: Was sich dir offenbart, ist ebenfalls das Ganze. Manches aus diesem Bild ergänzt das meine, das nehme ich dankbar an. Manches widerspricht ihm. Ich erblicke dort Schatten, wo von mir aus alles hell schien, umgekehrt sehe ich nun freundliches Licht an Stellen, die bei mir finster waren. Was glauben?

Offenbar beides. Denn zweitens muß ich auch dem treu bleiben, was *ich* meine. Hier wie dort gilt: Wie das Sein sich zeigt, so ist es. Wollen wir dieses Prinzip durchhalten, dann entkommen wir nicht einer abenteuerlichen Folgerung: Eben weil im Prinzip ich recht habe und der andere auch, eben deshalb hat folglich der andere unrecht und ich auch. Denn zum wirklichen Weltbild eines jeden gehört auch der Schatten seines Gegensatzes. So enthält die katholische Sicht auch den Protestantismus, die evangelische den Katholizismus. Da beide stimmen, ist dieselbe Wirklichkeit also von innen »Kirche« und von außen (weit weniger schön) »der Katholizismus«, nur zusammen sind beide Aspekte wahr. Löst sich da nicht alle Klarheit auf?

Keineswegs. Nur müssen wir jetzt drittens daran arbeiten, wie *wir* miteinander sprechen wollen. Es trifft sich gut, daß ich dies am Pfingstmontag schreibe; verehren wir im Heiligen Geist doch das innergöttliche Wir. Viele Zungen, *ein* Liebesfeuer – im pfingstlichen Gegenbild zum Turm von Babel (der lieblos aufragend alles der einen Sprache unterwerfen will) leuchtet das utopische Ideal auf, nie erreichtes Ziel aller ökumenischen Arbeit. Dorthin sind wir unterwegs, solange jeder sich bemüht, den eigenen Standpunkt auch von außen, mit den Augen des anderen zu sehen und dabei die Schatten, Löcher und wüsten Zacken zu erblicken, die der blinde Fleck im eigenen Auge ihm verbirgt. Nur wer sich demütig kritisieren läßt, mag dann auch der anderen Seite als kritischer Spiegel dienen. Legst du deinem Gegenpart aber Schweigen auf, dann wundere dich nicht, wenn deine vielen Reden als Gerede wirken.

Haben zwei Standpunkte sich länger gegenseitig zugehört und ihre Sprachen aufeinander hin verfeinert, dann ist es irgendwann soweit, daß die Horizonte verschmelzen. Jede Seite kann mit ihren (jetzt gemeinsamen) Denkmitteln auch die Gegenperspektive ausdrücken, wahr-nehmen, gelten lassen. Die fremde Kritik hat sich zur Selbstkritik verinnerlicht; ich weiß jetzt, wie häßlich manches an mir von dorther aussieht, und gehe daran, mich zu bessern. Keiner von uns hält länger seine frühere Ansicht des Ganzen für die ganze Wahrheit; nicht nur mir hier und dir dort erscheint das Ganze, sondern wie die Wirklichkeit (vor jeder weiteren Frage) *uns* erscheint, auch so ist sie. Die zweite Glaubenssituation (wechselseitiger Relativierung) mündet zurück in die erste. Wieder wird dem sich offenbarenden Ganzen schlicht getraut, inzwischen ist sein Gesicht aber deutlicher geworden, zugleich umfassender und schärfer.

Die Vorstellung von zwei Situationen des Glaubens verdanke ich dem Exerzitienbüchlein des hl. Ignatius, dort heißt die letzte der Regeln zur Unterscheidung der Geister (Nr. 336): »Wenn die Tröstung ohne Ursache ist, so daß es in ihr keine Täuschung gibt, weil sie allein von Gott unserem Herrn stammt, so muß doch die geistliche Person, der Gott solche Tröstung gibt, mit großer Wachsamkeit und Vorsicht die dieser aktuellen Tröstung *eigene Zeit* beachten und von der folgenden unterscheiden, in welcher die Seele warm und von der Restgunst der vergangenen Tröstung begünstigt bleibt; denn vielfach formt sie *in dieser zweiten Zeit* (durch ihren eigenen Diskurs – Gewohnheiten und Folgerungen aus Begriffen und Urteilen – oder durch den guten Geist oder den bösen) verschiedene Urteile und Meinungen, die nicht unmittelbar von Gott unserem Herrn gegeben sind. Deshalb müssen sie sehr gut geprüft werden, ehe man sie voll annimmt und ausführt.«

Entgegen dem ersten Anschein bewertet Ignatius diese zweite Zeit nicht nur negativ (als Verschwinden der göttlichen Klarheit): auch der gute Geist kann die Seele ja zu solchen Urteilen anleiten. Ignatius selbst blieb zeitlebens überzeugt, von Gott unmittelbar erleuchtet zu sein; *ein* wesentlicher Inhalt *seiner* Erleuchtung war jedoch der Auftrag, sie mit dem Horizont der real existierenden katholischen Kirche zu vereinbaren. Kein Zufall, daß es oft gerade Jesuiten waren, denen die Kirche wichtige Horizonterweiterungen verdankt. Wenn ich schon in mir selbst zwischen dem »von Gott her mir Eigenen« und »in mir mitgeschlepptem Fremdem« zu unterscheiden gelernt habe, dann ist mein Gehirn für den Dialog meines Glaubens mit äußerlich fremden Überzeugungen bestens gerüstet.

Denn das »ökumenische Selbstgespräch« ist die Urform der Horizontverschmelzung. Die wortlos quellende Offenbarung des Ganzen trifft zum einen auf die psychische Struktur des Einzelnen, zum andern auf die Traditionsstruktur seiner Gemeinschaft. Beide Strukturen ergreifen das neue Wahrheitsmuster und legen es in ihrem alten

Sinn aus. Mit Recht warnt Ignatius: Die Evidenz der ersten Glaubenssituation ist in der zweiten vorbei. Sobald gefragt, gedeutet, erklärt, argumentiert wird, lebt man in der zweiten und somit im Risiko, den Offenbarungswein in glykolisierten Gefäßen zu fälschen. Weder wegschütten sollen wir ihn dann noch trinken, vielmehr durch einen sprachlichen Filterungsprozeß – der Generationen dauern mag – so lange läutern, bis Neues oder Fremdes im Alten gilt und das Alte im Neuen auflebt, vom Fremden bereichert wird.

Aus dem Gegensatz der beiden Glaubenssituationen ergibt sich eine wichtige Folgerung für jedes Glaubensgespräch. Je nachdem, in welcher es sich abspielt, geschehen verschiedene Vollzüge. In der ersten Situation teilen beide Partner denselben Sprachhorizont. Innerhalb seiner muß eine Frage sich im Prinzip verständig entscheiden lassen. Jede gemeinschaftliche Glaubensweise bringt Theologen, schließlich Scholastiker hervor, welche wie alle Wissenschaftler zu Recht um die Wahrheit eifern. Vermutlich gibt es Anzeichen, an denen der Kundige erkennen kann, ob der Himmelsgeist Wut- oder Freudentränen weint. Sobald aber der eine Glaubensstandpunkt einem anderen gegenübersteht, kann man sinnvollerweise nicht mehr (und noch nicht) über richtig und falsch debattieren, sondern allein über Licht und Schatten dialogisieren, verständigungsbereit Zeugnis auf Zeugnis beziehen.

3. Menschliche Wir-Welt = göttliches Organ-Ich

Jeder Standpunkt entspricht (in unserem Paradigma) einem göttlichen Einzel-Ich, sagen wir einem Finger. Verleihen wir ihnen Stimme, dann würden verschiedene einander wider-sprechen: Ich spüre Rauhes / ich spüre Glattes. Das ist zwar ein Widerspruch, stimmt aber beides, während der eine Finger über Stoff, der andere über Plastik streift. Die Wirklichkeit selbst ist gegensätzlich. »Alles Widerlegen im Feld des wesentlichen Denkens ist töricht. Der Streit zwischen Denkern ist der ›liebende Streit‹ der Sache selbst« (Heidegger).[6] Mit dem Sinn des Ganzen ist es wie bei einem Gespräch. »Es ist Tag«, sagt der eine. »Es ist Nacht«, antwortet ihm der andere. Einer muß unrecht haben, meint da mancher. Unrecht hat aber nur er. Denn man telefoniert zwischen Indien und Mexiko.

6 *Martin Heidegger,* Platons Lehre von der Wahrheit, Bern 1975, 82.

Wann wird der Gegensatz zum Widerspruch und Streitgrund? Nur wenn man das Gespräch zwischen Erdteilen für ein Ortsgespräch hält. Das Erlebnis der gemeinsamen weiten Wahrheit kann davon abhängen, daß auf die Illusion gemeinsamer enger Wirklichkeit verzichtet wird. Den explosiven Pluralismus bewältigen kann nur, wer die Vielheit nicht verdrängt. Mancher erinnert sich an den japanischen Film »Rashomon«: Ehefrau, Ehebrecher und Geist des erschlagenen Ehemannes erzählen dieselbe, aber nicht die gleiche Geschichte; jedesmal ist sie total anders. Die Perspektiven zu vereinbaren erscheint aussichtslos. Zuletzt erfährt man, wie einem Unbeteiligten der Vorgang von außen erschien; ein versteckter Vagabund hat alles mitangesehen. Erst da ahnt der Zuschauer, wie jeder Beteiligte die beiden anderen Gestalten von vornherein auf seine besondere Fühl-Ebene projiziert hat, so daß sich die drei widersprüchlichen Umrisse ergeben.

Minder dramatisch erfährt jeder Mensch das täglich – oder, schlimmer, erfährt es nicht, sondern lebt es unwissend. Eine unverlierbare Errungenschaft der Psychoanalyse ist es, daß sie diesen Projektionsmechanismus aufgedeckt hat. Der Mensch meint, einem Mitmenschen zu begegnen, erblickt aber nur sein eigenes Gespenst (= Gespinst). Alles scheinbar Äußere spielt sich in Wahrheit innerhalb seines seelischen Binnenraumes ab – bis im Glanz der wahren Sonne alle Gespenster zergehen.

Welche Sonne durchlichtet die Mauern des Individuums und überstrahlt seine projizierten Gespenster? Um nicht in leere Worte abzugleiten, vergewissern wir uns wieder der Erfahrungsgrundlage unseres Verständnisses. Jetzt konzentriere ich mich auf den Zeigefinger, spüre als er die Glätte des Füllers. Und jetzt konzentriere ich mich auf die gesamte linke Hand, die ein Buch hält. Ich merke: Meine Wahrheit ist jetzt nicht das Einzel-Ich eines ihrer fünf Finger, auch nicht deren Summe aus fünf unterschiedlichen Perspektiven, sondern das in sich einheitliche Gefühl: Hand-Ich. Wir müssen der Kategorie »Einzel-Ich« den anderen Grundbegriff »Organ-Ich« gegenüberstellen. Nicht nur Einzelsubstanzen (menschlich: Personen) schafft sich das göttliche Ich durch Selbstkonzentration, sondern auch Gemeinschaften solcher Individuen, vom Paar bis zur Menschheit, vom Bienenschwarm bis zur Biosphäre.

Organe können extrem kurzlebig sein. Wenn in der Großstadt zwei Unbekannte aneinander vorbeihasten, dann sind sie für einen Augenblick beides, zwei Einzelne sowohl als auch ein Paar. Treffen sich ihre Blicke, dann wird diese Gemeinschaftswirklichkeit sich ihrer auch bewußt; meist bleibt sie verborgen. Ideales Eheziel ist es, daß die Wir-Einheit sich ebenso voll verwirkliche wie Ich und Du. *Zusätzlich* zu ihrer und seiner Welt, die uneinschmelzbar verschieden bleiben, gibt es dann drittens die Wirwelt. Wächst die Familie, so wächst die Zahl solcher Welten exponentiell an; bei unserer siebenköpfigen Familie sind es schon 120 verschiedene Wirwelten, je nachdem, wer gerade mit wem beisammen ist. Der Wirklichkeit jeder Welt entspricht ihre Wahrheit und ihre besondere Sprache; anders redet die mittlere Schwester mit der großen, anders mit der kleinen Schwester, anders mit der Mutter. Jedesmal äußert sich ein anderes göttliches Organ-Ich.

Jetzt sind wir in der Lage, das Rätsel jenes jüdischen Witzes zu lösen. Zum relativen Recht der beiden Streitparteien können wir nichts sagen; denn wir kennen den Fall nicht. Der Rabbi hatte jedenfalls das Recht, sich jeweils auf den Standpunkt seines Gesprächspartners zu stellen; so konnte er gar nicht anders, als den Fall mit dessen Augen zu sehen. Doch das Söhnchen hat ebenfalls recht. Es denkt die beiden Streitenden und den Vater zu der Gemeinschaft zusammen, die sie auch sein sollen. Dieser besonderen Wirklichkeit entspricht ihre eigene Wahrheit, die in sich keinen Widerspruch duldet. Sobald aus dem interkontinentalen Telefonat ein Ortsgespräch wird, ist es entweder Tag oder Nacht oder Dämmerung, die Sprache hat eindeutig zu sein. Indem der Rabbi auch dem Söhnchen recht gibt, bezieht er sich auf diese gemeinsame Wahrheit. Wieweit es ihm gelingen wird, sie auch zur Sprache und den Verfeindeten nahezubringen, ist eine andere Frage. Daß er sich zuvor in beide einzeln eingefühlt hat, macht ihm die ganze Schwierigkeit der Aufgabe klar – ob auch ihre Erfüllung möglich, das wird sich zeigen, sobald die Gegner sich mit dem Schlichter zusammen in derselben Stube aufhalten, wie immer schon im selben Städtel, ja Volk. Denn der Richtspruch des Rabbi ist ein öffentlicher Akt, geschieht im Angesicht der Gemeinde, muß vor ihrer Tradition und Zukunft verantwortet werden, hat sich nach den Sprech- und Rechtsregeln der großen jüdischen Gemeinschaft zu richten, die sich durch die Jahrtausende und über zahllose Länder hin als Geschöpf des souveränen göttlichen ICH BIN DA bekennt.

4. Das Wachstum eines Ich-Organs

An zwei Beispielen wollen wir uns jetzt die Etappen vergegenwärtigen, durch deren Abfolge ein Ich-Organ wächst, indem es sich erst differenziert, dann integriert. Ich wähle dazu a) die (nur didaktisch verantwortbare!) Karikatur einer Er-Sie-Beziehung, b) das Verhältnis zwischen Katholiken und Lutheranern. Folgende Etappen lassen sich unterscheiden:

Die eine Welt vor der Unterscheidung der Perspektiven. Zu Beginn herrscht Eintracht. Der Einzelne fühlt sich in der Gemeinschaft zu Hause, denkt in ihrer Sprache, kann seine Besonderheit problemlos mit der offiziellen Wahrheit des Ganzen vereinbaren.

a) Sie und Er leben im Frühling der Verliebtheit, jedes zeigt dem andern sein Sonntagsgesicht – ohne Heuchelei, denn es ist ja täglich Sonntag. Von dem, was zur holden Paarstimmung weniger paßt, abstrahiert man gern, es tritt zurück, bleibt implizit. Später wird man sehen.

b) Die mittelalterliche Volkskirche ist politisch tief zerrissen, nicht aber im Glauben. Zwar wimmelt es von Ketzereien, doch sind nur Minderheiten angesteckt. Der Perspektiven-Gegensatz, der zur Reformation führen wird, ist noch nicht deutlich geworden. Gewiß fühlen Einzelne schon so ähnlich wie später Luther, sie empfinden aber die christliche Sprachwelt als ihre selbstverständliche Heimat – von Menschenwerk darf niemand Vollkommenheit verlangen.

Die Perspektiven treten auseinander. Auf beiden Seiten wird Gegensätzliches gelebt und ausgesprochen, mit denselben Wörtern, die deshalb hier und dort einen anderen Sinn annehmen. Doch wird der Gegensatz noch nicht als solcher erkannt, man glaubt, weiterhin in der einen Welt zu leben.

a) O daß sie ewig grünen bliebe, die schöne Zeit der jungen Liebe. Sie tut es nicht. Selten kauft er ihr Blumen. Gefragt, warum nicht, würde er antworten: Grünzeug, das man nicht essen kann, ist Unkraut. Sie denkt das Gegenteil, ihr wären Blumen das schönste Liebeszeichen. Doch spricht sie ihren Wunsch nicht aus; darauf muß der Stoffel selber kommen. Das Verhältnis kühlt ab, beide wundern sich: Warum bist du so anders?

b) Der junge Mönch, der im Herbst 1517 seine Ablaßthesen veröffentlicht, fühlt sich als guter Katholik, weil dem Evangelium treuer als jene korrupten Schranzen, gegen die sein Protest sich richtet. Auch in den kommenden Jahren, während ganz Deutschland weiß, daß eine große Stunde geschlagen hat, rechnet niemand mit dauerhafter Spaltung. Redet man nicht seit Jahrhunderten davon, die Kirche müsse reformiert werden? »Das Evangelium nicht kann schön werden, die schöne Maria werde denn häßlich«[7], schrieb Luther im August 1523 an den Rat zu Regensburg, betreffend den dortigen Wallfahrtsrummel. Dem stimmten unter den Empfängern gewiß einige zu, andere waren aus finanziellen Gründen heftig für die Wallfahrt, wieder andere aber fühlten sich in ihrem Glauben getroffen. Sie waren überzeugt: Der Mensch braucht eine hilfreiche himmlische Mutter und hat sie in Maria gefunden. Wer die schöne Maria häßlich sehen will, bekennt einen Irrglauben. Oder geißelt der Eiferer aus Wittenberg nur den Aberglauben des Pöbels und die kommerzielle Raffgier, also den Mißbrauch der schönen Maria? Die Perspektiven treten auseinander, doch bleibt ihr Gegensatz noch verborgen.

Der Gegensatz wird offenbar, es kommt zum Streit. Weil beide Seiten immer noch überzeugt sind, in derselben Wahrheitswelt zu leben, deshalb ist jeder über den Widerspruch des anderen so wütend.

a) Eines Tages bricht es aus ihr heraus: Warum schenkst du mir nie Blumen? Weil Blumen Unkraut sind, brummt er. Nein, schluchzt sie, Blumen sind kein Unkraut, aber du bist ein Unmensch. Der Gegensatz hat sich zum Widerspruch verdeutlicht, zerborsten ist die eine Sprachwelt. Das wollen beide aber nicht wahrhaben, deshalb tut der Streit so weh.

b) Von den vielen Widersprüchen, die damals zwischen Katholiken und Protestanten aufbrachen, greife ich nur die Papstfrage auf. In seiner Bulle von 1520 nennt der Papst sich »Christi Stellvertreter, über alle Kirchen der ganzen Welt von Christus selbst im heiligen Petrus eingesetzt«.[8] Luther dagegen sieht im Papst den Anti- oder Widerchrist, der bald nach Gregor dem Großen die Herrschaft in der Kirche angetreten hat, weil er das Evangelium verfälscht und seine Autorität über Gottes Wort setzt.

Keine Seite kann nachgeben, der Streit führt zum Bruch. Das vermeintliche Ortsgespräch wird als sinnlos abgebrochen. Wer in meiner eigenen Sprache mit mir redet und doch stur das Gegenteil des-

7 Martin Luther und die Reformation in Deutschland, Katalog zur Ausstellung im Germanischen Nationalmuseum Nürnberg, Frankfurt 1983, Nr. 85. Dieser Ausstellung verdanke ich viel. Ich hatte die Ehre, etwa zwei Dutzend Gruppen durch sie zu führen; dabei ist mir aufgegangen, wie katholisch Luther und wie evangelisch manch guter Katholik damals war.

8 Nr. 25 (DS 1475).

sen sagt, was ich als wahr weiß, mit dem rede ich nicht mehr. Den Widerspruch zu bewältigen, verzweifelt man nicht an der Wahrheit, aber am Partner.

a) Er knallt die Tür hinter sich zu, »brauchst gar nicht mehr zu kommen«, schreit sie ihm nach. Ob Blumen Unkraut seien, ist die Frage; mindestens als Giftkraut haben sie sich anscheinend erwiesen. Schuld an der Trennung sind jedoch nicht die unschuldigen Blumen. Schuld ist die Anfangsillusion der total gemeinsamen Fühlwelt. Was als einzentrischer Kreis nicht leben kann, findet sich aber vielleicht als zweipolige Ellipse wieder? Wollen wir es hoffen.

b) Luther hat den Papst als Antichrist durchschaut, dessen Banndrohung wird verbrannt. 1538 nennt er auf einem Flugblatt sich selbst »Antipapa« und bemerkt bei Tisch über das dort dargestellte Bild (neben Judas hängt der Papst): »Das wird dem bapst weh tun. Er hat mich verbant und verbrandt und dem Teuffel in hindern gesteckt, so will ich in an seinen eigen schlüßel hangen.«[9] Brave Katholiken drehen den Spieß um. Auf einem Kölner Bild von 1547 steht Luther mit Rattenschwanz und Krallenfüßen Jesus gegenüber: als teuflischer Versucher.[10] Geistlich ist für jede Seite die andere kein Partner mehr, die Kirchenspaltung ist vollzogen. Ist eine Wiedervereinigung möglich? Bestimmt nicht in einer total gemeinsamen Denkwelt, als monozentrischer Kreis um Rom. Wie aber dann?

Die Krise: Ist alles Unsinn? Sobald man sich erinnert, daß der andere vor der Wahrheit trotz allem doch im Grunde in derselben Situation ist wie man selbst, erschrickt man bis ins Mark. Er hält seinen Irrtum für die Wahrheit und wähnt mich im Irrtum – wäre es da nicht theoretisch denkbar, daß meine Überzeugung ebenso unsinnig ist wie seine? Wenn er, der in derselben Welt lebt wie ich und sich munter für sehend hält, dennoch dermaßen blind ist – woher nehme ich die anmaßende Sicherheit, daß es mir besser ergeht? So werden Menschen, die einfarbig zu fühlen gelernt haben, durch die Buntheit in die Krise rabenschwarzer Sinnlosigkeit gestürzt.

a) War er (sie) nicht so vernünftig und lieb gewesen? Und jetzt so fies und dumm. Geradeso erscheine ich ihm (ihr). Bin ich es gar? Bei den Blumen habe ich zwar recht, sie sind wirklich (kein) Unkraut, was nützt aber meine Rechthaberei, wenn sie mein Glück zerstört? Andererseits, ein Glück ohne Wahrheit mag ich auch nicht, bin doch kein

9 Luther-Katalog, Nr. 296.
10 Ebd. Nr. 639.

Tier. Das verdrängende Geturtel von früher konnte so nicht weitergehen. Ach, ist denn alles sinnlos?

b) Erst trennte man sich, dann brachte man einander um, dann sind die Kirchen leer geworden. Sagt mein Pfarrer, daß mein Nachbar, den ich als lieben Menschen kenne, ein Teufelsdiener sei, dann fällt es mir schwer, meine Kinder zu meinem Pfarrer zu schicken. Zur Zeit Voltaires wurde ein Katholik zur Galeere verurteilt, weil er einen protestantischen Gottesdienst besucht hatte. Kann es in solchem Klima überhaupt wahren Gottesdienst geben? So sind die Kirchen für viele zur Folklore abgesunken, man geht wegen der schönen Musik hin oder weil man hingeht oder weil man nicht hingeht. Die Antwort jenes Jesuiten an den Lutheraner aber – nun gut, dienen Sie Gott auf Ihre Weise und ich auf seine – macht einen nur lachen; wer so redet, muß entweder sehr rückständig oder sehr zynisch sein. Die Wahrheit erwartet man von keiner Kanzel mehr, sie sucht man im Labor.

Die erlösende Ahnung: sind wir verschieden? Um der Krise nicht zu erliegen, muß ich an meiner Wahrheit festhalten. In der Versuchung sind mir aber die Augen für den anderen aufgegangen: irgendwie muß auch er in der Wahrheit sein, denn im Prinzip steht er ebenso da wie ich. Die Finsternis weicht, sobald ich den Grund des Gegensatzes nicht mehr nur *dort* sehe, bei seiner Dummheit oder Bosheit, sondern ihn *zwischen* uns erkenne, einfach in dem Abstand, der uns trennt. Wenn dies kein Ortsgespräch ist, ja, dann kann ich mit dir verbunden sein.

a) Während sie sich über ihre Pellkartoffeln mit Rührei hermacht, fällt ihr Blick auf die Blumen, die sie sich selbst geschenkt hat. Nicht mal essen kann man das Zeug, denkt sie zornig, ein Salat täte mir jetzt gut. *Das* also hat er gemeint, durchfährt es sie da. Er hat ja auch recht, so gesehen sind Blumen wirklich Unkraut. Während sie zum Telefon eilt, schellt die Türglocke. Draußen hält er ihr einen Rosenstrauß unter die Nase und sagt: Gut, was? Man soll nicht nur ans Essen denken, jetzt weiß ich es. Hm, aber Appetit habe ich doch. Und sie teilen alles.

b) Ist der Papst Christi Stellvertreter oder der Antichrist? Schärfer läßt ein Widerspruch sich scheinbar nicht denken. Es sieht so aus, als wüßten beide Seiten, wovon sie reden, und stünden am selben Sprachort unversöhnbar gegeneinander. Und doch ist auch dies *kein* Ortsgespräch. Tatsächlich finden beide Behauptungen sich wurzelhaft schon im Evangelium, und zwar im selben Kapitel. Welch eine christliche Stereo-Botschaft! Rechter Kanal: »Du bist Petrus, und auf diesen

Felsen will ich meine Kirche bauen« (Mt 16,18). Linker Kanal: »Geh mir aus dem Weg, Satan, ein Skandal (= Stolperstein) bist du mir, weil du nicht im Sinne Gottes denkst, sondern im Sinn der Menschen« (Mt 16,23). Wenn je ein biblischer Schreiber – hoch über seine bewußte Einsicht hinaus – die Zukunft der Kirche prophetisch vorweggenommen hat, dann Matthäus in diesem spannungsreichen Doppelsatz. Hier wird die Inspiration sozusagen greifbar. Kann das Papsttum zutreffender erfaßt werden? Stellvertreter Christi oder Antichrist, dazwischen gibt es nichts. Vielleicht ist der Papst aber beides?

Daß es dazwischen nichts gibt, liegt auf der Hand. Die ungeheuerliche Vollmacht, die der Papst für sich in Anspruch nimmt, sprengt derart jedes menschliche Maß, daß nur ein besonderer Wille des Herrn der Heilsgeschichte oder aber unverschämte Anmaßung ihre Quelle sein kann. Wer dagegen im Papst eine zwar nicht unfehlbare, aber doch achtunggebietende Autorität sieht, eine Art Dalai Lama des Westens, wer sich also das »Papstbild dieser Welt« zu eigen macht, der hat von der Tiefe der Geschichte nichts begriffen. Religionssoziologie ist eine nützliche Wissenschaft, jeder existentielle Glaube schlüpft ihr jedoch durch die Maschen. Ein Mensch, der allen Ernstes von sich sagt, er sei unfehlbar, und der das Bekenntnis zu solcher Unfehlbarkeit sowie die entsprechende Gefolgschaft zur Bedingung des ewigen Heiles erklärt: das ist der von Gott selbst eingesetzte Führer der Menschheit oder aber ein Hochstapler größten Stils, um so verächtlicher, je geschickter er, durch einzigartige Mischung von Demut und Prunk, die leichtgläubigen Massen betört. – Beide Standpunkte haben etwas für sich. Lassen sie sich miteinander zu *einer* Wahrheit ausbalancieren?

Die Einsicht in die fremde Wahrheit führt zu demütiger Selbstkritik. So wird die gemeinsame Wahrheit sagbar. Wenn unser Streit als Ferngespräch durchschaut ist, bei dem beide Seiten recht haben, dann hat folglich jede Seite auch insofern unrecht, als sie naiverweise die eigene Sicht für die einzig mögliche gehalten hatte. Dummheit und Stolz wachsen auf einem Holz; Horizonterweiterung und Demut bedingen einander. Sobald du mir die Wahrheit meines Anliegens zugestehst, kann auch ich dir zugeben: nicht nur das Recht deiner Wahrheit, sondern auch das Unrecht meiner bisherigen Einäugigkeit. Indem beide Seiten gegen- und miteinander reden, wird die Sprache (das heißt das Denken) verfeinert, bis jeder Standpunkt sich so ausdrücken läßt, daß die andere Seite ihm *grundsätzlich* zustimmen kann (so schwierig auch die politische Anwendung des gemeinsamen Prinzips bleiben mag). Erst jetzt hat die Wirklichkeit, jenes Organ-Ich, welches beide Einzelperspektiven umgreift, zur Sprache gefunden, kann ihre Wahrheit auf eine Weise sagen, die dann allen Einzelgliedern dieses Organs verbindlich vorgegeben ist – so lange, bis eine neue Perspektiven-Differenzierung wiederum die Wirklichkeit bereichert und die Sprachen vorerst trennt.

a) Das Tischgespräch der Versöhnten können wir uns ausmalen: Wie sie sich über ihre selbstgekauften, mittlerweile verwelkten und ungenießbaren Blumen lustig macht, wie er sie seine schönste Rose nennt usw. Was ist aus der Frage »Sind Blumen Unkraut?« geworden? Statt als Schwert, das zwei tote Monomeinungen voneinander scheidet, wirkt sie nunmehr als Dynamo einer vibrierenden Stereowahrheit: Eben *weil* Blumen in all ihrer Pracht doch nutzlos sind, deshalb taugen sie zum Liebeszeichen. Mono-Pole löschen sich gegenseitig, Stereo-Pole drücken miteinander die Wahrheit aus, die jedem allein unsagbar bleiben mußte.

b) Auch wir Kirchenchristen müssen uns wieder zu sagen trauen: Wir haben einen Traum. Wie kann es mit der ökumenischen Bewegung weiter vorangehen, was ist ihr Ziel? Bestimmt nicht die monolithische Kirche in Form eines zentral aus der Kurie gesteuerten Apparats. Solch Babelturm mitten in Zion müßte schnell wieder dem Zorn Gottes verfallen, ihn zu errichten lohnt die Mühe nicht. Der Halbjahrtausendtag der päpstlichen Hexenbulle vom Dezember 1484 war ein Anlaß, sich als Katholik darüber klarzuwerden, daß Petrus nicht nur als Grundstein der Kirche, sondern auch als Skandalstein und Satan das Urbild des Papsttums ist! Wie jeder Mensch sündigt der Papst, *und zwar auch in seiner Funktion als Stellvertreter;* insofern wird er zum Antichristen. Katholische und protestantische Wahrheit verhalten sich wie Tag und Nacht desselben Planeten; ein mündiger Katholik muß auch evangelisch sein.

Umgekehrt kann auch der Protestant von der katholischen Kirche lernen. Beim gegenwärtigen Zustand, dem mißtrauischen Nebeneinander Hunderter von rivalisierenden Sekten und Kirchen, soll es nicht bleiben. »Religiones« heißen im Kirchenrecht die Orden; warum nehmen wir ihr respektvolles Gegeneinander nicht zum Modell der kirchlichen Einheit? Benediktiner, Franziskaner, Jesuiten – jedes Wort reißt einen eigenen geistlichen Kosmos auf. Hin und wieder mußte der Papst feierlich verbieten, daß diese Welten einander verketzerten, für unchristlich erklärten. »Vorsitzende des Liebesbundes« hieß die Kirche von Rom im Altertum, das sollte sie wieder werden: organisatorische Garantin der unorganisierbaren geistlichen Einheit von Terra, Wächterin wider die Fliehkräfte des Streits.

Das kann sie freilich nur sein, wenn sie die eigenen zentralistischen Tendenzen stets demütig von den anderen kritisieren läßt. So wird aus dem spaltenden Widerspruch ein not-wendiger Akzentgegensatz. Institutioneller Grundstein der Kirche, obzwar stets zum widerchristlichen Machtmißbrauch versucht, so erscheint das Papsttum dem Katholiken; von Gott verfluchter Antichrist, der aber (simul iustus; denn Gott macht aus Bösem Gutes) dennoch als Symbol der kirchlichen Einheit dienen muß, so könnte das protestantische Papstbild aussehen. Weil der ausgewachsene Christ weiß, daß Gottes Zorn ebenso tief einschneidet wie seine Liebe heilt, deshalb sind nur beide Stereo-Pole zusammen *die* Wahrheit des Papsttums.

Denn Gottes richtende Gerechtigkeit *ist* zugleich sein richtendes Erbarmen. Unser Wort »Richten« drückt beides aus. Der Henker richtet den Verurteilten, der Mechaniker richtet das Fahrrad. Gott, wenn er richtet, gleicht beiden. Von mir aus bin ich dem Egoismus »verhaftet«; Gottes Richtschwert reißt diesen Kerker (der ich selber *bin!)* unerbittlich nieder und befreit, erlöst so mein gottgewolltes eigentliches Ich, den neuen Menschen. Institutionelle Aufgipfelung dieses doppelgesichtigen christlichen Menschenbildes ist das Papstbild; vor dem überverständigen Geheimnis Gottes sollten Protestanten und Katholiken einander verstehen und wiederfinden. Wann auf den Grundstein zu bauen, wann der Stolperstein schlicht zu überspringen sei, das frage der Einzelne sein Gewissen, die Gemeinde sich und die übrigen im Heiligen Geist.[11]

5. Dritte Glaubenssituation: Anspruch des Nächsten gegen lieblose Faszination

Verschiedene Weisen von Wahrheit haben wir zu unterscheiden gelernt: Eine bestimmte Wissensfrage soll *richtig* beantwortet werden; die Wirklichkeit des Ganzen erscheint in der ersten Glaubenssituation als *Unverborgenheit,* während in der zweiten Glaubenssituation dialogbereite *Wahrhaftigkeit* gefordert ist, bis zwei getrennte Perspektiven zu einem einzigen Sprachhorizont verschmelzen, innerhalb

11 Vgl. meine Aufsätze »Treu und Neu« (Geist und Leben 53/1980, 55–60) und »Wo kämen wir da hin?« (Geist und Leben 54/1981, 226–232).

dessen es dann wieder zu eindeutig richtigen Einzellösungen kommt. Bei der zweiten Glaubenssituation begegnet meinem geistigen Horizont ein fremder. Im Extremfall begegne ich überhaupt keinem bestimmten Menschen; denken wir an die erbauliche Geschichte von dem Hinduweisen, der im Straßenstaub eine zerknüllte Seite des Johannesevangeliums fand und dort endlich den Gipfel erschaute, der dem Himalaya seines Herzens noch gemangelt hatte.

Genau umgekehrt ist es bei der *dritten* Glaubenssituation, in ihr heißt Wahrheit: *Verantwortbarkeit.* Als Priester und Levit zum Tempeldienst eilten, trat ihrem Horizont keine fremde Sprachwelt entgegen, es lag da nur ein blutender Mensch neben dem Weg. Dem Mann aus Samaria war vermutlich weniger klar als jenen beiden, eines jedoch wußte er: Hier ist meine Hilfe verlangt. Wie immer ich mich bisher im Ganzen verstanden habe – jetzt *bin* ich der Nächste dieses meines Nächsten. Mein Glaubenshorizont konkretisiert sich zur Ellipse mit dir und mir als Brennpunkten.

In vielen primitiven Sprachen bedeutet das Wort für »Mensch« allein die Stammesangehörigen; Fremde gelten nicht als Menschen. Und doch: Wenn ein Kopfjägerstamm, um die Ahnen zu versöhnen, sich auf den Kriegspfad begibt, dann *ist* diesen Menschen die Wirklichkeit so, wie sie sich ihnen darstellt, auch sie sind »unmittelbar zu Gott« (Ranke), nicht minder als Franz von Assisi es war, als (sein) Gott ihm auftrug, waffenlos ins Lager des Sultans zu gehen. Von allen moralischen, geistlichen und Niveau-Unterschieden abgesehen und allein auf das Lebensband zwischen einem Bewußtsein und dem ihm erscheinenden Ganzen geachtet, ist jede Perspektive des Ganzen gleich wirklich. Deshalb brauchen wir trotz unserer Vorurteile nicht zu verzweifeln. Solange wir sie hilflos mitschleppen, bleibt ihre Lüge im Schatten, löscht nicht das Licht der Unverborgenheit.

Doch sollen wir stets auf dem Sprung sein, unsere Sicht des Ganzen von des Nächsten Anspruch korrigieren zu lassen. Wie Jesus eines Tages von einer Heidin gebeten wird, ihre Tochter zu heilen, reagiert er zunächst gemäß dem Dünkel seines Volkes: Man dürfe das Brot nicht den Kindern nehmen und den Hunden geben. Sie zuckt zusammen, merkt aber gleich, daß der gute Mensch da bloß Überkommenes unbedacht wiedergibt, und bekämpft das Vorurteil mit Lächeln: Auch die Hündlein kriegen von den Brocken unter dem Tisch etwas ab. Jesus schämt sich: Wie kam ich dazu, eine Tochter Gottes – Hündin zu nennen? Und dankbar für die Hilfe gegen seinen Wahn hilft auch er der Frau.

Eine fatale Faszination durch ein unmenschliches Gottesbild darf nicht mit einer simplen Täuschung im Wissenskontext verwechselt werden. »Der Gott, der ein Teufel war«, um diese abgründige Spannung geht es. Erwachsenen Christen war sie immer vertraut. Wo man Gott nicht zum lieben Gott verkürzt, den christlichen Glauben nicht der Stimmung von Erstkommunionkindern anpaßt, da gehört zur Glaubenssprache auch der Ausdruck »verstockt«. Wen Gott will, verstockt er wie den Pharao (Röm 9,18). Einem Verstockten zeigt das Ganze sich als Fratze. Wenn die Wirklichkeit aber so ist, wie sie sich zeigt – ist ihrer Faszination dann überhaupt zu entkommen? Wie kann Verstocktheit Schuld sein, wenn Gott selbst sie bewirkt?

»Erschienen ist uns die Güte und Menschenliebe Gottes unseres Heilandes und hat uns gerettet« (Tit 3,4). Dank Gottes Menschwerdung ist jeder unmenschliche »Gott« als Teufel entlarvt. Aus des Teufels Gewalt erlöst uns Gott nur durch Vermittlung des Menschensohnes, anwesend in jedes Menschen Kind dir gegenüber. Was wir einem dieser Geringsten tun, das tun wir unserem wahren Herrn. *Dem Menschen erscheint nicht nur das Ganze, er begegnet auch seinem Mitmenschen.* Lernen wir das Prinzip: Wo dein »Gott« dir die Verantwortung vor irgendeinem wirklichen Menschen verbietet, da kippt er zum Teufel um.

Das Ganze, das dir auf derart verengende Weise erscheint, ist allein deshalb nicht das wahre Ganze, sondern von der Lüge vorgespiegelt. Es ist nicht gesund, sondern krank. Seiner Faszination darfst du dich nicht überlassen. Das bedeutet freilich: Du mußt bereit sein, eine Zeitlang den Schein der Sinnlosigkeit des Ganzen auszuhalten. Denn so, wie es dir erscheint, darfst du ihm nicht glauben; anders aber erscheint es dir jetzt nicht, also fehlt der Sinn. »Und führe uns nicht in Versuchung, sondern erlöse uns von dem Bösen«, beten wir Christen und denken uns oft fast nichts dabei. Neue Kraft strömt der Bitte zu, wenn wir sie so erläutern: Setz uns nicht dem Bann des Bösen aus; tust du es aber doch, dann stütze uns im Finstern der Sinnlosigkeit so lange, bis du uns das Ganze in neuem Lichte zeigst, so daß es uns auf eine Weise ergreift, die nicht mehr gegen dein Gebot der Liebe ist.

Die Frage, ob es einen Teufel gebe, ist also abzuweisen, weil doppelsinnig. Im Kontext des Weltwissens wäre sie korrekterweise zu verneinen, damit wäre aber so gut wie nichts gesagt. Die eigentliche Frage heißt, ob diese und jene Wirklichkeit (= Erscheinung des Ganzen) göttlich oder teuflisch sei. Entschieden wird sie gemäß den

Regeln zur Unterscheidung der Geister, wie sie in allen spirituellen Traditionen von Erfahrenen entdeckt, praktiziert und gelehrt worden sind. Den überlieferten Regeln hinzu füge ich die universale Verantwortungsbereitschaft: Stell dir vor, du stehest diesem Menschen oder dieser Gruppe bei Gottes Gericht gegenüber, in Gegenwart aller, die je gelebt haben. Kannst du die Weise, wie das Ganze dir eben erschien, mit all ihren Folgen für die anderen, dann *vor diesen Menschen* verantworten (nicht etwa vor deinem, vielleicht ja nur eingebildeten »Gott«)? Wenn ja, dann trau auf Gott, so wie er sich dir zeigt. Wenn nein, dann widersteh dem Teufel, der dich betört.

Im Rahmen des Leib-Paradigmas läßt diese Einsicht sich so ausdrücken: Als göttliches Einzel-Ich genommen, ist jede Perspektive jeder anderen gleichberechtigt. Wie viele Personen, so viele Weisen des Ganzen. Sobald eine Person aber auf eine andere trifft, hat sie vor dem gemeinsamen Ich nicht mehr das Recht, stur nur die eigene Ichweise gelten zu lassen. Auch der anderen kommt dieses Recht nicht zu, vielmehr müssen beide sich bemühen, auch das Wir verantwortlich zu leben. Die Einzelvollzüge werden vom gemeinsamen Organvollzug überlagert. Was jeder von uns als seine Teilhabe am gemeinsamen Wir erlebt, ist für unsere göttliche Sinnmitte auch ein (an uns) beteiligtes Ich. Gott Du unser Ich, sei der Grund unseres Wir! Nicht so, daß nur mehr die Gemeinschaft gälte; auch in der Hand bleiben die Finger sie selbst. Nicht *als* Hand aber, da sind sie tatsächlich in einem Größeren beisammen. Auch als Hand will ICH leben, nicht nur als Finger; auch als Finger, nicht nur als Hand. Einzelner wie Gemeinschaft sind beides meine Selbstvollzüge.

6. Glaube gegen Unglaube und Aberglaube

Vergegenwärtigen wir uns zunächst die Problemgeschichte seit dem Ende der naiven Metaphysik. Kants umstürzende Erkenntnis läßt sich leicht am Beispiel jener Waldzecke erläutern, die im Geäst blutgierig auf ein vorbeikommendes Säugetier lauert. Kaum riecht sie es, läßt sie sich fallen, bohrt sich ein und trinkt, trinkt, trinkt. Woraus besteht ihr Weltbild? Einzig aus Oben und Unten, Wärme und Schweißgeruch. All das kennen wir auch, vermögen uns also ihre dumpfscharfe Wonne vorzustellen, wenn ihr leeres Universum plötzlich von warmer Buttersäure überschwemmt wird, weil ein Hirsch unter ihr her schreitet. Nichts anderes weiß sie von ihm, kann ihn von einer Wildsau oder Grafentochter nicht unterscheiden. Ihre Erkenntniskategorie ist Schweiß.

Können vielleicht, dachte Kant, auch wir Menschen die Wirklichkeit nur gemäß der uns physisch vorgegebenen Informationsstruktur auffassen, so daß wir keinesfalls wissen, wie sie an sich beschaffen ist? Dies ist seine These; er erläutert sie anhand eines anderen Beispiels: »Es ist hiermit eben so, als mit den ersten Gedanken des *Kopernikus* bewandt, der, nachdem es mit der Erklärung der Himmelsbewegungen nicht gut fort wollte, wenn er annahm, das ganze Sternheer drehe sich um den Zuschauer, versuchte, ob es nicht besser gelingen möchte, wenn er den Zuschauer sich drehen, und dagegen die Sterne in Ruhe ließ. In der Metaphysik kann man nun, was die *Anschauung* der Gegenstände betrifft, es auf ähnliche Weise versuchen. Wenn die Anschauung sich nach der Beschaffenheit der Gegenstände richten müßte, so sehe ich nicht ein, wie man a priori von ihr etwas wissen könne; richtet sich aber der Gegenstand (als Objekt der Sinne) nach der Beschaffenheit unseres Anschauungsvermögens, so kann ich mir diese Möglichkeit sehr wohl vorstellen.«[12]

Könnte die Zecke philosophieren, dann hieße der Kernsatz ihrer Metaphysik ungefähr: Das Sein ist warm und riecht gut. Das klingt fast lyrisch. Sollen wir also Rudolf Carnap zustimmen, der Kant weiterführt, indem er 1931 »die Überwindung der Metaphysik durch logische Analyse der Sprache« betreibt? Er kommt zu dem Ergebnis: »Auf dem Gebiet der *Metaphysik* (einschließlich aller Wertphilosophie und Normwissenschaft) führt die logische Analyse zu dem negativen Ergebnis, daß *die vorgeblichen Sätze dieses Gebietes gänzlich sinnlos sind* ... Die (Schein-)Sätze der Metaphysik dienen *nicht zur Darstellung von Sachverhalten,* weder von bestehenden (dann wären es wahre Sätze) noch von nicht bestehenden (dann wären es wenigstens falsche Sätze); sie dienen *zum Ausdruck des Lebensgefühls* ... Der Metaphysiker glaubt sich in dem Gebiet zu bewegen, in dem es um wahr und falsch geht. In Wirklichkeit hat er jedoch nichts ausgesagt, sondern nur etwas zum Ausdruck gebracht, wie ein Künstler ... Aber der Metaphysiker führt für seine Sätze Argumente an, er verlangt Zustimmung zu ihrem Inhalt, er polemisiert gegen den Metaphysiker anderer Richtung, indem er dessen Sätze in seiner Abhandlung zu widerlegen sucht. Der Lyriker dagegen bemüht sich nicht, in

12 *Immanuel Kant,* Kritik der reinen Vernunft, Vorrede zur zweiten Auflage; Geschichte der Philosophie, Stuttgart 1983, 46.

seinem Gedicht die Sätze aus dem Gedicht eines anderen Lyrikers zu widerlegen; denn er weiß, daß er sich im Gebiet der Kunst und nicht in dem der Theorie befindet.

Vielleicht ist die Musik das reinste Ausdrucksmittel für das Lebensgefühl, weil sie am stärksten von allem Gegenständlichen befreit ist... Metaphysiker sind Musiker ohne musikalische Fähigkeit. Dafür besitzen sie eine starke Neigung zum Arbeiten im Medium des Theoretischen, zum Verknüpfen von Begriffen und Gedanken. Anstatt nun einerseits diese Neigung im Gebiet der Wissenschaft zu betätigen und andererseits das Ausdrucksbedürfnis in der Kunst zu befriedigen, vermengt der Metaphysiker beides und schafft ein Gebilde, das für die Erkenntnis gar nichts und für das Lebensgefühl etwas Unzulängliches leistet.«[13]

Die neueste Form dieser Kritik ist die sogenannte Weltanschauungsanalyse. Ernst Topitsch, einer ihrer Begründer, weist darauf hin, daß alle Lebewesen sich in ihrer Umwelt zurechtfinden müssen. Auch wir Menschentiere lassen uns von einem Orientierungstrieb leiten, allerdings trauen wir ihm mehr zu, als er leisten kann: »Der Mensch sucht sich nämlich oft die Welt, soweit sie über seine nächste Umgebung hinausgeht, dadurch verständlich zu machen, daß er das Fernerliegende und Unbekannte nach dem Muster des Naheliegenden, Bekannten und Wohlvertrauten auffaßt.«[14]

Genau das geschieht im Fall der beiden Proportionalgleichungen. Wer Gott als den Herrn über alle Wirklichkeit bezeichnet oder als das reine Ich eines kosmischen Leibes, in dem es vielfach beteiligt ist – folgt der also nur einem tierischen Bedürfnis, das nicht zur Wahrheit, sondern nur zu illusionärer Geborgenheit führt? Hätte ich demnach ehrlicherweise lieber Gitarre spielen als diese Seiten schreiben sollen?

Von den Religionskriegen erschöpft, pfäffischer Herrschsucht überdrüssig, beschloß das aufgeklärte Europa, Religion habe nichts mit Wissen zu tun, sondern sei Gefühlssache. Gebildete Christen waren einverstanden; so erklärte Schleiermacher 1799: »Das Universum ist in einer ununterbrochenen Tätigkeit und offenbart sich uns jeden Augenblick. Jede Form, die es hervorbringt, jedes Wesen, dem es nach der Fülle des Lebens ein abgesondertes Dasein gibt, jede Begebenheit, die es aus seinem reichen, immer fruchtbaren Schoße herausschüttet, ist ein Handeln desselben auf uns; und in diesen Einwirkun-

13 In: Metaphysik, hrsg. von G. Janoska u. F. Kauz, Darmstadt 1977, 51. 73. 75f.
14 *Ernst Topitsch,* Erkenntnis und Illusion, Hamburg 1979, 10.

gen und dem, was dadurch in uns wird, alles Einzelne nicht für sich, sondern als einen Teil des Ganzen, alles Beschränkte nicht in seinem Gegensatz gegen anderes, sondern als eine Darstellung des Unendlichen in unser Leben aufnehmen und uns davon bewegen lassen, das ist Religion; was aber hierüber hinaus will und etwa tiefer eindringen in die Natur und Substanz der Dinge, ist nicht mehr Religion, sondern will irgendwie Wissenschaft werden; und wiederum, wenn, was nur unsere Gefühle bezeichnen und in Worten darstellen soll, für Wissenschaft von dem Gegenstande, für geoffenbarte etwa und aus der Religion hervorgegangene, oder auch für Wissenschaft und Religion zugleich will angesehen sein, dann sinkt es unvermeidlich zurück in Mystizismus und leere Mythologie.«[15]

Die Erleichterung der so Aufgeklärten war groß, hat aber mittlerweile neuer Beklemmung weichen müssen. Ist eine Kultur nicht krank, wo die uralte Menschheitsfrage nach dem Sinn des Ganzen auf die Dimension privater Gefühle verkürzt wird? Und jene vielgepriesene Wissenschaft, der die Neuzeit ihren Weihrauch streute, ist nicht am Ende sie die fatalste aller Illusionen gewesen? Wenn Psychologen die Seele leugnen, Biologen das Leben töten und Physiker die Natur ruinieren, ist da nicht – mag selbst jedes erforschte Etwas ungefähr stimmen – Alles völlig falsch gelaufen? Sollte die Frage nach Allem tatsächlich Gefühlssache sein, dann handelt es sich bei solchem Gefühl offenbar nicht um individuelle Emotionen, sondern um das Grundgefühl aller Menschen: und das will nicht Beliebigkeit, sondern ist immer schon auf Wahrheit aus! Unzählige Neurotiker leiden an schleichender Sinnlosigkeit; ihnen zu helfen, sind am Baum der Seelenheilkunde Jung-Schule und Logotherapie aufgeblüht. Da heißt es die alten Fragen nach Wahrheit und Wirklichkeit, Glauben und Wissen, Offenbarung und Selbstvertrauen neu beantworten, das heißt aber zunächst: auf neue Weise stellen.

Tatsächlich sieht der Kern der Sinnfrage anders aus, je nachdem innerhalb welchen Paradigmas wir sie formulieren. Fragen wir, ob es jenseits aller irdischen Gesellschaftssysteme einen höchsten Herrn des Ganzen gebe, dann gehört die erfahrbare Seite der Proportionalgleichung (Gott verhält sich zu uns Menschen wie *ein Herr zu seinen Untertanen)* zu dem Bereich, in welchem die Wissenschaft gilt; das Verhältnis eines Herrn zu seinen Untertanen ist objektiv genug, um

15 *Friedrich Schleiermacher,* Über die Religion. Reden an die Gebildeten unter ihren Verächtern, Leipzig 1924, 50.

juristisch und soziologisch erforschbar zu sein. Ganz von selbst legt sich die Folgerung nahe, Gottes Verhältnis zu den Menschen müsse gleichfalls wissenschaftlich faßbar, Gott folglich im Prinzip menschlichem Wissen auffindbar sein.

Wo das gesellschaftliche Paradigma gilt, ist diese Erwartung allgemein verbreitet. Sobald erwiesen war, daß die Wissenschaft von Gott nichts wissen kann, mußte dieses Ergebnis – gegen Kants ausdrückliche Absicht – als wissenschaftliche Leugnung Gottes verstanden werden. Ein prinzipiell auffindbarer Herr, der aber tatsächlich unauffindbar ist, kann nur ein Wahn sein. Innerhalb des traditionellen Paradigmas ist, sobald die Menschen hinreichend aufgeklärt sind, der Atheismus nicht zu vermeiden.

Entscheidend anders steht es, sobald wir Gott nicht im gesellschaftlichen Jenseits suchen, sondern im selbstbewußten Inseits. Dann gehört die erfahrbare Seite der Proportionalgleichung (Gott verhält sich zu uns Menschen wie *dein Ich-überhaupt zu seinen bestimmten Konzentrationsvollzügen)* zwar zum unmittelbaren Wissen eines jeden Menschen, trotzdem aber von vorneherein nicht zum Thema der Wissenschaft. Vom Chirurgen Virchow stammt der Geistesblitz, er habe den ganzen Körper mit seinem Skalpell untersucht, so etwas wie eine Seele aber nicht gefunden. Recht hat er. Die Seele oder das Ich kann nie Thema der Wissenschaft sein, handelt es sich dabei doch gerade um die geheimnisvolle Einheit alles körperlich Einzelnen, die Wissenschaft aber untersucht stets nur das Einzelne in seiner bestimmten Funktion für anderes Einzelnes.

Während »der Herr des Alls« also, gäbe es ihn, Pol einer verstehbaren Struktur wäre, die ihn und das All zusammenhält, so daß man von ihm auch wissen könnte, ist es beim »Ich aller Welten« nicht so. Der neuzeitliche Nachweis, daß Metaphysik und Religion nicht rational wißbar sind, bedeutet deshalb das Ende zwar der Herr-Gott-Idee, nicht aber des Glaubens an Gott, in dem wir leben, uns bewegen und sind. Sogar während ich unter des Chirurgen Messer liege, zweifle *ich* nicht an meiner Seele. Daß er sie leugnet, läßt mich an meiner Vernunft nicht irre werden, höchstens an seiner, so willig ich seinem Sachverstand meinen Leibesapparat anvertraue.

Da die Wissenschaft für meine Seele, das Einheitsprinzip des Einzelmenschen, nicht zuständig ist, wieviel weniger dann für die Frage, ob und wie das Ganze in all seinen Vielheiten doch auch Eines, gar *ein* Tiefen-Ich sei. Bitten wir einen Blinden, uns den Ausdruck jenes Gesichtes zu deuten? Fragen wir einen Tauben nach der Stimmung einer

Symphonie? Verlangen wir also von der Wissenschaft – einschließlich einer sogenannten Philosophie, die aber bloß Wissenschaftstheorie ist – keine Antwort auf die Frage, was der Sinn des Ganzen sei. Dessen Geheimnis ist von grundsätzlich anderer Art als jedes Einzelproblem.

Die modernste Spielart des Unglaubens wirft den Gläubigen also vor, sie redeten sinnlose Sätze und wüßten selbst nicht, was sie meinen. Da kann das Leib-Ich-Verständnis einem Glaubenden helfen, den alten Seiltanz zwischen Aberglauben und Unglauben zeitgemäß zu vollführen. Im Lauf der letzten Jahrhunderte ward das Seil immer dünner. Wir wissen, daß es im leeren Weltraum keinen Himmel gibt, von wo jemand auf seine Kinder herabschaut, der Aberglaube zur Rechten zieht uns nicht an. Ebensowenig der Unglaube zur Linken, weder in seiner platten Form (alles ist sinnlos, der Mensch ein Sägespan der Evolution, aus kosmischem Versehen entstanden und bald verweht) noch in Gestalt einer gewissen modernen Theologie. Eine hübsche Karikatur liest sich so: »Im Christentum geht es um Menschen, die sich engagieren: Es geht darum, eine Einstellung zu gewinnen, in der die Welt, die Gesellschaft, die persönlichen Beziehungen ernst genommen werden. Wenn jemand sagt, er sei ein Christ und glaube an Gott, dann bekennt er sich zu einer solchen Einstellung. Seine Aussagen über seinen Glauben sind nicht sinnlos; sie haben vielmehr genau diesen Sinn: daß sich der Sprecher zu einer solchen Lebenseinstellung bekennt.«[16]

Ist die Aufgabe des Glaubens überhaupt lösbar, läßt sich zwischen Aberglauben und Unglauben eine tragfähige Position auch nur denken? Das schärfste Argument des zeitgenössischen Zweifels besagt: nein. Denn entweder ändert sich für den Menschen etwas, wenn es Gott gibt, oder es ändert sich nichts. Wenn sich etwas ändert, dann ist der sogenannte Gott also doch ein endlicher Faktor: Aberglaube. Wenn sich aber nichts ändert, dann ist die behauptete Existenz Gottes völlig folgenlos, das heißt aber auch sinnlos, der Fromme hat zwar Wortsalat vorgebracht, tatsächlich aber nichts gesagt: »In diesem Falle gibt es nichts, was falsch sein könnte, und nichts, was man nicht glauben könnte. Dann aber gibt es etwas, das wahr sein könnte und das man glauben könnte, auch nicht.«[17]

16 *Bernard Williams,* Der unverzichtbare Gehalt des christlichen Glaubens, in: Glaube und Vernunft, hrsg. von N. Hoerster, Stuttgart 1985, 208.
17 Ebd. 212.

Auch Zweifler sprechen in Gleichnissen:

»Es waren einmal zwei Forscher, die stießen auf eine Lichtung im Dschungel, in der unter vielem Unkraut allerlei Blumen wuchsen. Da sagt der eine: ›Ein Gärtner muß dieses Stück Land pflegen.‹ Der andere widerspricht: ›Es gibt hier keinen Gärtner.‹ Sie schlagen daher ihre Zelte auf und stellen eine Wache aus. Kein Gärtner läßt sich jemals blicken. ›Vielleicht ist es ein unsichtbarer Gärtner.‹ Darauf ziehen sie einen Stacheldrahtzaun, setzen ihn unter Strom und patrouillieren mit Bluthunden. (Denn sie erinnern sich, daß die Titelfigur von H. G. Wells' Roman *Der Unsichtbare* zwar gerochen und gefühlt, aber nicht gesehen werden konnte.) Keine Schreie aber lassen je vermuten, daß ein Eindringling einen Schlag bekommen hätte. Keine Bewegung des Zauns verrät je einen unsichtbaren Kletterer. Die Bluthunde schlagen nie an. Doch der Gläubige ist immer noch nicht überzeugt: ›Aber es gibt doch einen Gärtner, unsichtbar, unkörperlich und unempfindlich gegen elektrische Schläge, einen Gärtner, der nicht gewittert und nicht gehört werden kann, einen Gärtner, der heimlich kommt, um sich um seinen geliebten Garten zu kümmern.‹ Schließlich geht dem Skeptiker die Geduld aus: ›Was bleibt eigentlich von deiner ursprünglichen Behauptung noch übrig? Wie unterscheidet sich denn das, was du einen unsichtbaren, unkörperlichen, ewig unfaßbaren Gärtner nennst, von einem imaginären Gärtner oder von überhaupt keinem Gärtner?‹«[18]

Ich fürchte: Solange wir uns das gesellschaftliche Paradigma weiterhin vorgeben lassen, können wir (dieser Herausforderung gegenüber) unseren Glauben nicht mehr vernünftig rechtfertigen. Einen großen Jemand über und außer uns anzunehmen wäre Aberglaube, ihn zu leugnen wäre Unglaube, dazwischen gäbe es nichts. Nach langem Schwanken und Zweifeln bin ich so weit, daß ich die traditionelle Frage, ob es einen Gott gebe, *als Frage* ablehne. Sie ist falsch gestellt, führt so oder so in die Irre. Wer sich die Mühe macht, etwa das jüngst erschienene Buch von Mackie (»Das Wunder des Theismus«)[19] durchzustudieren, versteht meine Weigerung. Jeder Versuch, Gottes Existenz zu erweisen, den von Hans Küng eingeschlossen, wird dargestellt und brillant widerlegt.

Das Seltsame ist nur, daß ich mich als Christ auf all diesen Seiten

18 Das Gleichnis stammt von *J. Wisdom*, zit. nach *Antony Flew,* Die Forderung nach Falsifizierbarkeit, in: Glaube und Vernunft, 212f.

19 *John L. Mackie,* Das Wunder des Theismus. Argumente für und gegen die Existenz Gottes, Stuttgart 1985.

überhaupt nicht getroffen fühle. Der Popanz, den ein Atheist, spricht er von Gott, anscheinend meinen muß, verdient wahrhaftig nicht die Existenz! Tatsächlich: was ändert sich für uns, wenn zu den x irdischen Personen hinzu noch eine weitere Person x + 1 existiert, von irgendwoher uns zuschaut, etwas von uns will und uns Aussichten auf eine weitere Existenz nach dem Ende dieses Sterbelebens macht?

Wer es fertigbringt, gebe dem Atheisten ruhig recht: Wissenschaftlich gesprochen, gibt es diesen Jemand nicht, sowenig es in mir zu den y Zellen meines Leibes hinzu als die Superzelle y + 1 auch noch meinen Personkern gibt. Wer das nicht fertigbringt, weil die jahrtausendelang eingezüchtete Sklavenangst sein Herz noch umkrallt, der weise die Fragestellung zurück: Was du da fragst, o Atheist, das ist nicht mein Problem. So wie du Gott beschreibst, fühle ich mich nicht verstanden. Fragt er dann zurück, was du denn mit Gott meinest – vielleicht hilft dir, was ich derzeit als Rettung meines Glaubens erlebe.

Mein Glaube ist nicht sprachlos, bewegt sich auch nicht in wolkiger Abstraktion. Ich behaupte etwas ganz Bestimmtes, ich bin nämlich überzeugt: Die Wirklichkeit ist im Innersten nicht leblose Sache, sondern lebendige Person. Die Vielheiten des Universums – Unmengen von Milchstraßen / zahllose Teilchen in jedem Atemzug –, sie sind letztlich zu verstehen nicht nach dem Modell eines Sandhaufens oder Uhrwerks, sondern nach dem Muster einer wachen, vielorganisch selbstbewußten Person. Alles, was uns bildet und umgibt, ist nicht bloß *etwas,* sondern gehört zu *einem Jemand,* Gott.[20] »Von allen Seiten umgibst du mich« (Ps 139).

Gegen diesen Glauben gibt es kein Argument. Alles, was der Atheist vorbringen kann, beweist nur, daß der äußere Anschein nicht für die Innenwahrheit spricht. Das weiß ich aber schon selbst. Erlebt der andere das Weltall als totes Mobile aus kalter Leere und Feuerkugeln – nun, das ist es ja auch, die Wissenschaft hat nicht unrecht, es so zu sehen. Das Auseinander, von dem die Wissenschaft weiß, ist nicht falsch, doch eben nur die Außenwahrheit.

Ob dieser Glaube stimmt oder nicht, macht einen Unterschied wie Tag und Nacht, zwar nicht auf der Rechentafel irgendeines Apparates, wohl aber für das Bewußtsein eines Menschen, und das nicht nur

20 Ist das aber nicht unchristlicher Pantheismus? Nein. Siehe meine dogmengeschichtliche Darlegung: Der Pantheismus-Begriff des I. Vatikanischen Konzils, in: Gott Du unser Ich, Düsseldorf 1977, 169–176.

in hohen Feierstunden, sondern im Alltag. In Frage steht zwar nie, *was* ich im einzelnen bin, doch stets, was ich im ganzen *bin,* was dies Wort »bin« überhaupt heißt. Ob ich die zerplatzende Episode eines gleich verrauschten Feuerwerkes *bin,* ohne Zusammenhang mit anderen Farben und bald von der Finsternis verschluckt, oder ob ich der bestimmte Konzentrationsvollzug des unendlichen Ich *bin,* umgrenzte Beteiligung des einzigen Wer in meinem besonderen Was, mit der Aussicht, nach dem Ablauf der aktuellen Konzentrationsphase durch rückverbindende Reflexion wieder in die vollbewußte Einheit dieses Ich aufgenommen zu werden (ach ja, diese winderfrischte Backe, die sich da spürte, sie ist ja ebenfalls *Ich*, ist immer schon *mein* gewesen, auch eben, da sie nur sich als Backe und den Wind auf ihr zu spüren vermeinte!) – will irgend jemand im Ernst behaupten, zwischen diesen beiden Glaubensweisen, der nihilistischen und der göttlichen, bestehe kein wesentlicher Unterschied?

O ja, wirft der Zweifler jetzt ein, der Unterschied ist riesig, noch größer als der zwischen dem traurig-ehrlichen Waisenkind und seinem närrischen Zwillingsgeschwister, das an sein prinzliches Geblüt glaubt und voll illusionären Stolzes Tag für Tag auf den Vater wartet, der es abholen und endlich ins Schloß bringen wird. Beide beschriebenen Einstellungen sind freilich verschieden wie Tag und Nacht. Die Frage ist nur, wo ist der Tag und wo die Nacht. Steht die helle Sinnfreude des Gläubigen der finsteren Verzweiflung des Ungläubigen gegenüber – oder das klare Licht aufrichtiger Endlichkeit dem Dunkel des unaufgeklärten Wahns? Bekanntlich sieht jede Seite sich selbst im Licht und die andere in der Finsternis. Hat der Ungläubige recht, dann ist diese unentscheidbare Zweideutigkeit das letzte; daß er tatsächlich recht hat, kann er nicht mehr erfahren, sowenig wie der Gläubige seinen Irrtum. Hat hingegen dieser das wahre Los gezogen, dann kann er im ewigen Leben triumphieren, während sein Gegner zugeben müßte, daß er die Wette verloren hat. Solche Chancenverteilung ist jedoch kein Argument für den Glauben!

Logisch ist gegen diesen Zweifel nichts zu sagen. Überwunden werden kann er allein durch den Mut des Herzens: indem der Glaubende sich auf seine und seiner Mitmenschen geistliche Erfahrung besinnt. Habe ich Grund zu der Gewißheit, ich sei letztlich kein Leichenteil, sondern eine Lebenszelle? Hat das geheimnisvolle Ganze sich mir irgendwann als beseelt offenbart? Hat das Universum mich Herz zu Herz berührt, angesprochen, ermutigt? Wie war das damals, in jener Gnadenstunde? Ist die Geschichte, das Zeugnis jenes

Menschen (Paulus, Franziskus, Teresa, Pater Max, Karl Rahner, Schwester H.) vernünftigerweise deutbar als Resultat irrer Wunschträumerei?

In der Nacht zwischen diesen Zeilen hatte ich folgenden Traum: V. gibt mir meine Scheckkarte zurück, die ich ihm geliehen hatte, doch in welchem Zustand! Er kramt sie aus seiner engen Jeanstasche hervor, wo sie zusammen mit einem riesigen Schlüsselbund steckte. Sie ist völlig zerknittert, so gut wie unbrauchbar. – Der Traum warnt mich vor einer gefährlichen Einseitigkeit. Gestern hatte ich dargelegt, wie der Glaube, der die innere Einheit der Wirklichkeit in Gott bekennt, recht habe gegen den Unglauben, der nur die äußerliche Vielheit wahrnimmt. Diese Überlegenheit des Glaubenden stimmt zwar, ist jedoch nur die eine Seite.

Die andere zeigt der Traum. Die Scheckkarte eröffnet den Zugang zu Schätzen, nur zusammen mit meiner Unterschrift aber (einen Code-Streifen hat meine Karte noch nicht). Ich muß mich *persönlich* einsetzen. Heilsam ist nur der *liebend vollzogene* Glaube. Dieser ist vom Aberglauben gefährdet. Auch Schlüssel öffnen manches Verborgene, aber sie sind schwer, grob und vielerlei. Wer sie nimmt, will mit gierigen Fingern an Schätze heran, ohne sich als Person zu engagieren. Ein Schatz, der unter Verschluß gehalten wird, kann faulen oder verrosten. Schließlich läßt die Schlüsselgewalt sich gar als Mordwerkzeug mißbrauchen.

Warum ist der Glaube stets von Aberglauben bedroht? Nun, das Ganze kann nicht anders, als sich auf *bestimmte* Weise zu zeigen; ebenso muß ein Mensch, um sein Glaubenserlebnis auszudrücken, sich dazu bestimmter Formen bedienen. Unversehens mag sich ihm da die Optik wechseln, und er wird, statt *durch* diese Ausdrücke das unverfügbare Ganze zu meinen, irgendwann sich auf das Denkzeug fixieren. Schon ist aus dem Glaubenden ein Abergläubischer geworden. Denn vielleicht zeigt das Ganze sich dem Weitergewanderten bereits anders, er aber hängt am alten Bild fest und verfehlt das Jetzt. Schlimmer: Vielleicht will er andere zwingen, auch von seinem Standpunkt aus das Ganze zu sehen, obwohl sie woanders stehen. Und der Papa ergrimmt über die säuerliche Miene der Tochter beim Tischgebet. Kurz: Nur konkret kann das Ganze sich jeweils zeigen, immer sind es besondere Wassertropfen, die aus der Quelle sprudeln. Dies Konkrete für sich genommen ist aber nicht das verbindliche Ganze, nicht jene Tropfen machen es, sondern allein der Quell. Während der Unglaube statt der Quelle bloß Wassermoleküle wahrnimmt, verwechselt umgekehrt der Aberglaube irgendwelche Einzelteilchen mit dem stets quellenden Ursprung selbst.

Weil dem Glauben (jedem!) beide Gefahren drohen, deshalb braucht es kritische Solidarität. Die einen degradieren das geheimnisvolle Ganze zum sinnlosen Haufen von Individuen, die anderen werfen ihm den Sack einer bestimmten Gestalt über und zurren ihn fest. Solange der einem Pol Zugeneigte die Spannung zum Gegenpol ehrlich aushält, sich um Kontakt zur anderen Seite bemüht, menschliche Solidarität annimmt und gibt, so lange hat der Glaube die Chance, dem Sog der Mono-Ideologie zu widerstehen – hier wie dort.

Zum Glück haben nicht wir zu richten. Sogar der Christenschreck Voltaire hielt sich selbst nicht für einen Ungläubigen, sein Kampf galt allein dem Aberglauben. In seinem philosophischen Wörterbuch heißt es: »Fast alles, was über die Anbetung eines höheren Wesens und die Unterordnung des Herzens unter dessen ewig sich gleichbleibende Gebote hinausgeht, ist Aberglaube.«[21] Das Wörtlein »fast« zu Beginn nimmt dem Satz die fanatische Schärfe, läßt dem Gläubigen immer den Ausweg offen, gerade seine besondere Glaubensgestalt sei kein Aberglaube. Andererseits mußte die Kritik seit damals strenger werden, mit dem »höheren Wesen« tun wir uns seit Feuerbach nicht mehr so leicht. Wieso höher? Und wieso ist der Sinn des Ganzen ein Wesen? Mag einer noch so gottlos einherpoltern – ob dem unfrommen Ausdruck vollzogener Unglaube zugrunde liegt oder nur der Protest eines stummen Glaubens gegen den Aberglauben, darüber befindet kein irdisches Gericht. Ebenso tolerant haben wir uns freilich auch der bigotten Rechten gegenüber zu verhalten, solange sie nicht anderen Unrecht tut. Sollte eine brave Alte die Handkommunion für Teufelswerk erklären – für sie wäre sie es offenbar, also wird ein guter Pfarrer sie nicht dazu drängen.

Kritische Solidarität heißt in diesem Zusammenhang: Beide Seiten stärken einander im Glauben an den Sinn. Der (scheinbar) Ungläubige hilft mir mit seiner Kritik, vor dem Götzendienst auf der Hut zu sein; eine gestern erlebte Gotteserscheinung kann heute schon, wenn ich sie festhalten will, zum selbstverfertigten Lügengemächt sich verkehren. Hat der Spott des Ungläubigen also gar recht? Bleibe ich meinem zweifelnden Mitmenschen verbunden, so bin ich gegen Aberglauben besser geschützt. Umgekehrt kann die Glaubensgewiß-

21 *Voltaire,* Gedanken regieren die Welt (Auswahl hrsg. v. W. Kraus), Wien u. Stuttgart o. J., 98.

heit eines Begeisterten dem Zweifler zum Hoffnungszeichen werden: vielleicht zeigt sich auch mir wieder einmal ein Sinn; ist am Ende doch nicht alles absurd? Der bloß Rechte beklagt das Meer des Unglaubens, der bloß Linke die Gebirge von Aberglauben – der Lebendige läßt sich von rechts wie links her helfen, täglich neu auf seinem ganz persönlichen Seil vorwärts zu tanzen.

7. Modische Innerlichkeit?

Wissensmoden, spottet Edwin Chargaff, sind zwar dauerhafter als die Damenmode, aber längst nicht so haltbar wie die Herrenmode. Auf die *Existenz* der fünfziger Jahre folgt die *Gesellschaft* der späten sechziger und frühen siebziger. Und jetzt ist also die *Innerlichkeit* in; der Zeitgeist trägt den Nabel zur Schau, der tonangebende Überbaustil bevorzugt Innenhöfe, wo die Konflikte der Außenfront kaum mehr zu spüren sind. Solchem Trend scheint das vorliegende Buch zu entsprechen. Ich bin jedem meiner Glieder gleich nahe, ergreife für keines Partei gegen ein anderes. »Organologisches« Denken sieht Gott in gleichmäßig lauer Harmonie überall anwesend – kein Wunder, daß es im Christentum bisher keine Chance hatte. »All are but parts of one stupendous whole whose body Nature is, and God the soul«, schrieb um 1730 Alexander Pope,[22] doch die Christen haben nicht auf ihn gehört.

Auch hier neu vorgebracht – so mag mancher vermuten – wird diese Idee das christliche Denken nicht revolutionieren; denn das Programm »Innen statt droben« droht den Herrn der Heilsgeschichte zu verleugnen. »Ich bin der Gott Abrahams, Isaaks und Jakobs ... Ich habe das Elend meines Volkes in Ägypten gesehen ... und komme herab, es aus der Ägypter Gewalt zu erretten« (Ex 3). »Wehe euch Reichen, selig ihr Armen«, nimmt anderthalb Jahrtausende später Jesus diesen Ton auf. Gerade nicht zieht Gott sich vor dem Unrecht da draußen in seine innersten Gemächer zurück, sondern er nimmt Partei für die Geduckten und gegen ihre Unterdrücker. »Die Welt ist aggressiv; ihr Grundsatz heißt: Dein Tod ist mein Leben ... offene Adern überall« (Leonardo Boff). Wer da Innerlichkeit predigt, sollte der sich nicht seiner Abwiegelei schämen?

Schlangenknäuel der Mißverständnisse! Zwar will ich das gesell-

22 Essay on Man, Epistle I, 267f.

schaftlich-politische Denkmuster als *Begriffsrahmen* des christlichen Glaubens abschaffen und durch das Leib-Ich-Verständnis ersetzen – dieser Umsturz beschädigt aber nicht die gesellschaftliche Dimension des Glaubens. Im Gegenteil! Das subjektive Innen des Ganzen ist kein abgeschottetes *Wo,* nicht ein weltenthobener Bereich, vielmehr das in Welt und Geschichte kritisch-heilsam engagierte innerste *Wer.* Zur Flucht in harmonische Innerlichkeit wird hier nicht geraten. (Allerdings will ich mir die boshafte Bemerkung von C. S. Lewis nicht verkneifen, wer außer einem Gefängniswärter denn etwas gegen die Idee der Flucht haben könne ... Nun, aus dem Kerker darf ich zwar flüchten, nicht aber weg von dem Kampfplatz, auf den das Gewissen mich stellt.)

Epochal (oder wenn man will, modisch) ist nur die Abwechslung der ausdrücklichen Wahrheits-*Akzente* (z. B. zwischen Existenz, Gesellschaft und Innerlichkeit); der Schritt von einem engeren zu einem weiteren *Verständnis*-Paradigma hingegen ist unumkehrbar (Antike – Newton – Einstein in der Physik; Herr-Gott – Leib-Ich in der Theologie). Denn der neue Rahmen schließt den alten als eines seiner Untersysteme in sich ein, kann mithin von ihm nie mehr angefochten oder gar widerlegt werden. Solche wechselseitige Verdrängung aber ist das Wesen der Mode.

Die Spannung zwischen Heilsgeschichte und Heilsuniversalität ist so alt wie der biblische Glaube. Jona ist sauer, weil Gott auch die Leute von Ninive liebt – derselbe Gott, der die Ägypter im Roten Meer ertrinken ließ. Durfte in Wackersdorf der Pfarrer das Protestkreuz segnen, oder verfiel er damit in eine »politische Kreuzzugsmentalität«, wie ein Katholikenfunktionär ihm vorwarf? (Haben aber nicht auch Heilige weiland für den Kreuzzug geworben?) »Bischof für alle« will der zuständige Ortsbischof sein – wären seine Vorgänger nicht eher Bischöfe *für* alle gewesen, auch für die Juden, wenn sie schärfer *gegen* die Nazis aufgetreten wären?

Im November 1985 wurde bei einem Gespräch zwischen Prozeßtheologie und Befreiungstheologie in Chicago die Frage so gestellt: »Wie kann es von einem Gott, der auf jedermanns Seite steht, zugleich heißen, er begünstige die Unterdrückten?«[23] Die dort gefundene Lösung klingt überzeugend: »Unterdrückung ist nicht gut für den Unterdrücker.« In der Tat: Auch wenn Gott noch so parteiisch auftritt, bleibt er dennoch so unparteiisch wie seine Sonne. Denn

23 Newsletter of the Center for Process Studies, Claremont CA, Fall 1985, 2.

nicht nur hat der Bedrängte ein Recht auf Solidarität; auch sein Peiniger verdient, weil er eben trotzdem ein Mitmensch ist, den Banden seines Egoismus entrissen und »gerichtet« zu werden, aus seiner Verkrümmtheit zurechtgebogen.

Eben weil das göttliche Ich jedes seiner Glieder von innen her beleben will, verteidigt es gegen die Arroganz des Schinders nicht allein sich im Geschundenen, sondern auch sich als das bessere Ich des Schinders selbst. Die göttliche (und kirchliche) »Option für die Armen« wirkt zwar gesellschaftlich gegen die Mißbräuche der Reichen, Gott sei Dank tut sie das, geistlich aber wirkt sie nicht minder für die wahren Interessen der gemeinwohlentfremdeten Ausbeuter. Wo hier die konkrete Front verlaufe, läßt sich nur jeweils im Heiligen Geist erkunden. Wo hört Nothilfe auf und verkehrt sich in Untat? Angesichts des Bankpalastes kam mancher sich ausgeplündert vor – so sehr, daß er im wehrlosen Bankdirektor vor seiner Pistole den Menschen nicht mehr sah.

Wem das göttliche Droben sich zum allgemeinsamen göttlichen Innen geklärt hat, der tritt solchen, die in der Welt droben sind, minder verkrampft gegenüber, gerade weil er sich der Ungöttlichkeit politischer Macht deutlich bewußt ist. Solange »Herr der Herren« Gottes Hauptname ist, sind zwar alle bestimmten irdischen Herren dem Höchsten unterworfen und insofern relativiert (oft genug freilich auch gestützt!). Das Prinzip Herrschaft selbst herrscht jedoch unangefochten. Gegen es kommt eine nur politische Theologie unmöglich an. Sie bringt wohl heilsame Gegengifte herbei, den Giftstachel heraus zieht allein die Mystik: »Je mystischer wir Christen sind, um so politischer werden wir sein«, bekennt 1986 die Synode von Rottenburg.

III. Jesus Christus – wer ist er?

Im I. Hauptteil habe ich vorgeschlagen, das übliche politisch-soziale Grundmuster des Gottesverständnisses durch ein anderes abzulösen: Gott verhält sich zu uns ähnlich wie das reine, innerste Ich eines jeden zu dessen vielfachen Beteiligungen in Leib- und Phantasieerlebnissen. Im II. Hauptteil habe ich das Recht, überhaupt eine solche Konzeption vorzuschlagen, gegen einige Einwände des modernen Zeitgeistes zu verteidigen unternommen.

Im folgenden III. Hauptteil geht es mir darum, das vorgeschlagene Paradigma als umfassendes Versöhnungsprinzip wichtiger geistiger Überlieferungen aufzuzeigen, und zwar in zwei Richtungen. Nach innen wende ich mich an meine christlichen Glaubensgenossen. Weil die christliche Theologie – bei aller Randunschärfe – doch eine bestimmte Sprachgestalt ist, deshalb sind meine Sätze innerhalb dieses Rahmens argumentativ gemeint. Nach außen richtet dieser Teil sich an alle, denen das Ganze anders als christlich erscheint. Ihnen bin ich nicht in einem gemeinsamen Wissenskontext verbunden; sie mögen darum meine Sätze nicht als Argumente auffassen, sondern ihnen erzähle ich einfach meinen Glauben.

Das Ziel ist also zweifach: Zum einen will ich Christen im Dschungel des Pluralismus Orientierungshilfe bieten, zum anderen fremde Glaubensrichtungen reizen, den nötigen »common sense« mit ihren Denkmitteln gleichfalls auszudrücken, bis irgendwann der Funke springt und zwei bisherige Gegner einander finden: Du sagst es so, ich anders, eine Supersprache gibt es nicht, doch »bird on the tree« und »Vogel auf dem Baum« meint dasselbe – warte, ich besuche dich auf dem deinen.

1. Wir sind Christi Leib!

»Erfüllt hat sich die Zeit, nahe ist das Reich Gottes, denkt um und glaubt an die gute Nachricht!« (Mk 1,15). Der junge Mann, der Hammer und Säge liegen läßt und diese Botschaft in Galiläa ausruft, ist tief überzeugt: Endlich wird alles anders. Was unzählige Generationen in Strömen von Schweiß, Tränen und Blut gehofft, das trifft jetzt bald ein. Gott selbst wird die Tyrannen aller Gesellschaftsschichten absetzen, nicht länger werden die Sklaven unter ihren Herren stöhnen, das Judenvolk nicht mehr unter der Besatzungsmacht. Niemand wird mehr zertreten, weil in Gottes Licht keiner mehr tritt.

Auf die Frage, wie er sich das alles konkret vorstelle, hätte Jesus vermutlich erstaunt geguckt. Andere Sorgen hast du nicht? Vertrau auf Gott, er weiß, was er tut. Du schau zu, daß du auf der richtigen Seite stehst. Was soll dein großer Geldbeutel da? Drückt er dich nicht? Schenk ihn den Hungrigen als Vorschein des Reiches, und dann komm und zieh mit mir. Wir müssen die Menschen aufrütteln, damit sie vom Tag des Herrn nicht blind und lahm überrascht werden. Wer bloß an sich denkt, ist dann verloren, wenn die Stunde der vollen Liebe anbricht. Also? Kommst du mit?

Eine klare, einleuchtende Botschaft. »Einige von denen, die hier stehen, werden den Tod nicht schmecken, bis sie das Gottesreich mit Macht kommen sehen« (Mk 9,1). An seinem Anfang hatte das Christentum nichts Mysteriöses. Wie die ersten Gefährten sind wir Christen heute noch überzeugt: Jesus hatte recht. Einer wie er kann sich im Wesentlichen nicht irren. Ist das aber möglich? Schon damals, während die Realpolitiker den gefährlichen Schwärmer ausjäten, und in allen Jahrhunderten seither ist von Gottes Reich nichts zu sehen. Lassen wir Bariona das Wort, dem Rebellen aus Sartres Weihnachtsstück, uraufgeführt 1940 im deutschen Gefangenenlager:

»Geht nach Hause, gute Leute! Und seid klüger in Zukunft. Der Messias ist nicht gekommen, und soll ich es euch sagen: Er wird niemals kommen! Ich weiß es genau: Diese Welt ist ein unaufhörlicher Absturz. Der Messias, das wäre einer, der diesen Absturz aufhielte, der plötzlich den Lauf der Dinge umstürzte und die Welt wie einen Ball in die Luft springen ließe. Dann sähe man Ströme, die aus dem Meer zu ihren Quellen zurückflössen, und Blumen wüchsen auf Felsen, und die Menschen besäßen Flügel und kämen als Greise zur Welt und verjüngten sich dann bis zur Kindheit! Die Welt eines Verrückten stellt ihr euch da vor. Ich habe nur eine Gewißheit, daß immer alles fallen wird: die Ströme ins Meer, alte Völker unter das Joch junger Völker, menschliches Versuchen ins ewige Scheitern und wir in das verfemte Greisenalter! Geht heim!«

Ihm antwortet der König Balthasar: »Bariona, es ist wahr, wir sind sehr alt und weise und kennen alles Elend der Erde. Und dennoch, als wir diesen Stern am Himmel sahen, haben unsere Herzen vor Freude höher geschlagen, wie Kinderherzen. Und wie Kinder waren wir und machten uns auf den Weg. Wir wollten unsere Menschenpflicht erfüllen, die heißt: Hoffen.«[24] Vierzig Jahre später stirbt Sartre in derselben Spannung: »Die Welt jedenfalls scheint häßlich, schlecht und hoffnungslos. So sagt die stille Verzweiflung eines alten Mannes, der in ihr sterben wird. Doch ich leiste ihr Widerstand und ich weiß, daß ich in der Hoffnung sterben werde; diese Hoffnung aber gilt es zu begründen.«[25]

Jesu Freunde damals sind mit dieser Enttäuschung so fertig geworden, daß die Ankunft von Gottes Reich sich ihnen in zwei Pole auseinanderlegte: *Jetzt* ist Jesus trotz seines Todes der Lebendige; durch seine persönliche Auferstehung hat er das Böse und den Tod ins Herz getroffen. Für ihn – und deshalb auch für unsere auf ihn bauende Hoffnung – ist das Reich Gottes wirklich geworden. Die Emmausjünger »hatten gehofft« (kann es Traurigeres geben, als wenn die Zukunft selbst Vergangenheit ist?) – jetzt aber wissen wir, wem wir trauen, und unsere Hoffnung wird nicht zuschanden. Dies ist der heimliche innere Gegenwartspol des Reiches Gottes. Sein Zukunftspol ist die erhoffte Wiederkunft Christi zum offenkundigen Gericht über alles Unrecht; DANN bricht Gottes Reich aller Welt sichtbar in Glanz und ewigem Frieden herein. Im Bewußtsein dieser Spannung von jetzt und dann sind alle Christen eins; die nähere Färbung ist sehr verschieden, auch schon im Neuen Testament.

In der Markusgemeinde herrscht das Grau vor: »Es werden Tage kommen, da der Bräutigam von ihnen *genommen* ist. Dann werden sie *an jenem Tage* fasten« (2,20), über seine Abwesenheit trauern. Erscheinungsberichte fehlen im echten Markus (16,9–20 wurde später hinzugefügt), Jesus erscheint erst bei der Wiederkunft, nicht vorher. Bis zu »jenem Tag« (14,25) feiert er nicht mehr mit den Seinen. Christsein heißt nicht Haben, sondern sehnsuchtsvoll Ausschauen nach dem Kommen des Menschensohnes in Macht (13,26).[26] Hier wird die Zeit der Kirche als eine lange Fastenzeit gesehen, die aber hoffentlich bald zu Ende geht; mit zweitausend Jahren hat in der Markusgemeinde bestimmt niemand gerechnet. Eine derart karge Spiritualität hätte sich auch kaum so lange durchhalten lassen.

24 Deutsch veröffentlicht in: *Gotthold Hasenhüttl*, Gott ohne Gott, Graz 1972, 302 u. 306.
25 Frankfurter Allgemeine Zeitung, 15.04.1980, 25.
26 Viele Ergebnisse der modernen Exegese verdanke ich den beiden Prachtwerken von *Edward Schillebeeckx:* Jesus. Die Geschichte von einem Lebenden, und: Christus und die Christen, Freiburg 1975 u. 1977.

Dem großen Paulus verdankt die Kirche die Goldfarbe ihres Jetztpols. Ein geistiges Abenteuer ohnegleichen hat ihn begreifen lassen: Dank Jesu Tod und Auferstehung *ist* die Welt schon ganz anders, als sie scheint, wenigstens für die an Christus Glaubenden. Die Wirklichkeit selbst ist verwandelt worden, und zwar buchstäblich, leibhaft! Jesu auferstandener Leib lebt nicht bloß getrennt für sich, sondern ist *das* – verborgene, aber wahre – neue Energiezentrum des Kosmos, *und wir Christen sind ihm eingegliedert,* an seinen Lebensstrom angeschlossen, heimlich für die anderen, die nicht glauben, für uns aber spürbar. Wie könnten wir sonst »fröhlich in der Trübsal« sein, die wir um seines Namens willen leiden?

»In Christus« heißt die Kurzformel, mit der Paulus diesen begeisternden Sachverhalt immer wieder zusammenfaßt. Sie ist keineswegs »bloß geistig« aufzufassen, als wäre eine Art ideologischer Anteilnahme gemeint, so wie mancher Nürnberger Knabe »beim Club« ist, Mitglied des 1. FC. In Christus sind wir viel eher so, wie eine Waschmaschine »am Netz« ist: Zieh den Stecker heraus, und sie ist ohnmächtig; schließ sie wieder an, und sie wird heiß und rührig. In diesem Sinn, daß nämlich bereits der Heilsstrom im Netz der Welt kreist, hat Christus bei seiner Auferstehung das verheißene Gottesreich tatsächlich schon gebracht: »In ihm ist das Ja geworden« (2 Kor 1,19).

In Christus ist das Ja Wirklichkeit geworden, zu seinem lebendigen Leib gehören wir. Wenn wir uns nicht selbst von diesem Leib abschneiden (durch Unglauben und andere »Tod«-Sünden), brauchen wir keine Angst zu haben, nichts kann uns trennen vom Heil.

»Während das Sterben und Auferstehen an Jesu schon offenbar geworden ist, geht es an den Erwählten insgeheim, aber dennoch nicht weniger wirklich vor. Weil sie der Art ihrer Leiblichkeit nach mit Jesus Christus zusammengehören, werden sie durch seinen Tod und seine Auferstehung zu Wesen, die in Sterben und Auferstehen begriffen sind, wenn auch der Schein ihrer natürlichen Existenz noch erhalten bleibt ... Der Leib Christi kommt für Paulus nicht mehr als eine für sich bestehende Größe, sondern nur als die Stelle in Betracht, von der aus das mit Jesus Christus anhebende Sterben und Auferstehen auf die Leiblichkeit der mit ihm zusammengehörigen Erwählten übergreift, wie auch die Erwählten nicht mehr für sich existieren, sondern nur noch Leib Christi sind.«[27]

In diesem physisch-leiblich-realistischen Zusammenhang sind nun

27 *Albert Schweitzer,* Die Mystik des Apostels Paulus, Tübingen ^{2}1954, 111 u. 119.

auch die Texte zu verstehen, in denen Paulus mit aller damals möglichen Ausdrücklichkeit feststellt, daß wir Christen uns zu Christus verhalten wie die lebendigen Glieder eines Leibes zu dessen selbstbewußtem Ich. Genauso konnte er nicht sprechen; denn »das Ich« ist ein neuzeitlicher Begriff. Lange hat es gebraucht, bis die Sprache fähig war, das Allerpersönlichste eines jeden Menschen unter diesen Allgemeinbegriff zu fassen. Das Subjekt als solches doch zum Objekt der Rede zu machen – das ist schon ein erstaunliches Kunststück. »Ich« sagte der antike Mensch genau wie wir; »das Ich« sagen erst wir – und vergessen oft genug, daß dieser scheinbar so objektive Begriff in Wahrheit nichts anderes meint als jeweils – mich!

Hätte Paulus schon »das Ich« sagen können – vielleicht wäre der Christenheit die schlimme Entfremdung von ihrer persönlichen Mitte erspart geblieben, vielleicht wäre Christus nicht als äußerer »Herr der Herren« ganz droben, sondern als das wahre »Ich aller Iche« ganz innen verehrt worden? Als Paulus die zerstrittenen Korinther zur Einheit ermahnte, war er dieser Idee schon ganz nahe; wir heute sollen den Denkschritt, der ihm noch nicht möglich war, mutig tun. Fragen wir uns: Wer ist das Gesamt-Ich des Leibes? Wie verhält es sich zu den Ichvollzügen in Auge und Ohr, Fuß und Hand? Daß Paulus die (ihm unsagbare) Antwort sehr wohl gelebt hat, zeigt sein berühmter Satz im Galaterbrief (2,20): »Ich lebe, aber nicht mehr ich, sondern in mir lebt Christus.« Nach Korinth schreibt er:

»Wie der Leib einer ist und viele Glieder hat, alle Glieder des Leibes aber, obwohl viele, zusammen doch ein einziger Leib sind, so ist es auch mit Christus: Durch ein und denselben Geist sind wir alle zu *einem* Leib getauft, Juden wie Griechen, Sklaven wie Freie – und uns allen ist ein und derselbe Trank des Geistes gegeben. Denn der Leib besteht nicht aus *einem* Glied, sondern aus vielen. Wollte der Fuß sagen: ich bin nicht die Hand, darum gehöre ich nicht zum Leibe – so gehörte er gleichwohl zum Leib hinzu. Und würde das Ohr sagen: ich bin nicht das Auge, darum gehöre ich nicht zum Leibe – so gehörte es trotzdem zum Leib hinzu. Wenn der ganze Leib Auge wäre, wo bliebe da das Gehör? Wenn er ganz Gehör wäre, wo bliebe der Geruch? Doch nun hat Gott den Gliedern einzeln ihre Funktion im Leibe gegeben, so wie er es wollte. Wäre das Ganze nur *ein* Glied, wo bliebe da der Leib? Nein: es sind viele Glieder, aber *ein* Leib ... Darum darf es nicht zu einer Spaltung im Leibe kommen, sondern alle Glieder sollen gleicherweise füreinander Sorge tragen. Leidet *ein* Glied, so leiden alle Glieder mit; kommt *ein* Glied zu Ehren, so freuen sich alle Glieder mit. *Ihr aber seid Christi Leib* und je zu eurem Teil Glieder« (1 Kor 12,12–27).

Paulus sagt nicht: »Ihr seid gewissermaßen sozusagen *wie* der Leib Christi«, sondern: »Ihr seid Christi Leib.« Nicht einen Vergleich bringt er vor, obwohl das Wort »Leib« ursprünglich unseren Körper aus Fleisch und Blut bedeutet. Wie sollen wir diese Rede also verstehen, wörtlich oder übertragen? Übertragen im ursprünglichen Wortsinn, wörtlich aber im neuen Sinn, den dieser Sprachgebrauch – aufgrund der radikal neuen Tat-Sache – überhaupt erst schafft. Ähnlich war im vorindustriellen Nürnberg durch alte Urkunden verbrieft, welche Mühlen und Hammerwerke am Strom angeschlossen waren und ihre Räder von der Pegnitz treiben lassen durften. Zu Beginn des Elektrozeitalters sprach man also noch vergleichend, wenn man eine Fabrik am Strom teilhaben ließ. Uns ist der elektrische Sinn des Wortes zur Hauptbedeutung geworden; der Rheinstrom steht als anderer Sinn schon fremd daneben.

Nicht weniger, als sein Daumen zu ihm, gehört der Christ zu Christus, sondern um soviel ich mehr bin als mein Daumen, um soviel mehr gehöre ich zu Christus als mein Daumen zu mir! Nicht der Leib Christi ist das Gleichnis, viel eher der physische Leib. Der Leib Christi ist die allerwirklichste Wirklichkeit. Und zwar nicht nur physisch, sondern personhaft: »Da ist nicht mehr Jude noch Grieche, nicht mehr Sklave noch Freier, nicht mehr männlich und weiblich; denn *ihr alle seid Einer in Christus Jesus«* (Gal 3,28). »Einer« steht da, nicht etwa »eins«, wie schlampige Übersetzer schreiben. Nicht irgendein vages Einheitsgefühl wird ausgesagt, sondern die Schärfe eines *Wer.* Zu ihm, nicht zu einem subjektlosen Organismus, gehören wir Christen als Glieder. Christi Ich ist schon jetzt unser innerster Personpunkt. In diesem Sinn hat das Reich Gottes, laut Jesu Botschaft so nahe, dank Christi Auferstehung tatsächlich schon begonnen, wenn auch erst keimhaft und vor den Augen der Welt verborgen.

Einen Schritt über Paulus hinaus geht der Verfasser des Briefes an die Kolosser. Nicht mehr nur am Auferstehen sind wir in Christus, sondern bereits *»zugleich mit ihm auferstanden«* (2,12). Noch kühner klingt es im Epheserbrief: sogar im Himmel sind wir schon! »Uns, die wir tot waren durch Sünden, hat Gott mit Christus lebendig gemacht – durch Gnade seid ihr gerettet – und mitauferweckt und *mit in den Himmel versetzt* in Christus Jesus« (2,5f).

Die so fühlten und dachten, hatten die schlimme Krise, daß Gottes Reich scheinbar ausblieb, siegreich überwunden. Mochten sie auch *tatsächlich* mit Christi baldiger Wiederkunft rechnen – *grundsätzlich* liegt dem Christen jetzt nichts mehr daran, wie lange die schwebende Zwischenzeit noch währt. Wer auf Erden schon nicht mehr im ungewiß Vorläufigen umherirrt, sondern sich im Himmel sitzend erfährt, dem kommt wenig darauf an, wie lange die raumzeitliche Phase der Endgültigkeit sich noch hinzieht. Ob ich heute sterbe oder in fünfzig Jahren, ob mit der Menschheit übermorgen oder erst nach weiteren Jahrmillionen Schluß ist – solange wir »in Christus« sind, belebt von ewiger Energie, braucht die zeitliche Länge dieses Daseins uns sowenig zu kümmern wie die räumliche.

Auch Johannes spricht von Christi Leib als dem umfassend Neuen, *in* dem wir geborgen sind. Den Juden, die ein Zeichen fordern, sagt Jesus: »Brecht diesen Tempel ab, und in drei Tagen richte ich ihn wieder auf. Da erwiderten die Juden: 46 Jahre hat der Bau dieses Tempels gedauert, und du willst ihn in drei Tagen wieder errichten? Er hatte aber von dem Tempel seines Leibes gesprochen. Als er dann von den Toten auferstanden war, erinnerten sich seine Jünger daran, daß er das gesagt hatte, und sie glaubten der Schrift und dem Worte, das Jesus ihnen gesagt hatte« (2,21).

Solche Rätsel liebt Johannes. Bei ihm identifiziert Jesus sich oft mit alltäglichen Dingen (Brot, Wasser, Weg usw.), meint aber nicht deren äußere Realität, sondern die Tiefenwirklichkeit, auf die sie verweisen. An unserer Stelle deutet Jesus auf die gewaltige Tempelanlage und meint: Das könnt ihr ruhig alles abreißen, denn was der Tempel eigentlich bedeutet, das bin ich selbst. Mein auferstandener Leib wird in Wahrheit das erreichen, wofür eure Väter den Tempel erbaut haben und was er doch immer nur sehr unvollkommen schafft: die Einzelnen in Gottes Gegenwart versammeln, aus vielen isolierten Zweiflern eine selige Gemeinschaft machen, wo jeder weiß: Ich gehöre dazu, nämlich zu dem Ganzen, dessen strahlende Einheit der ewige Gott ist. Freilich ist der Tempel bloß aus Stein; mein Herrlichkeitsleib umgibt euch nicht bloß räumlich, sondern belebt und umfaßt euch von innen als meine Glieder, mir so lieb wie euch die euren. – Hier wird also, wenngleich verhüllt, nichts anderes gelehrt als von Paulus.

Wie kommt es aber, daß der Durchschnittschrist in dieser großartigen Glaubensgewißheit so wenig lebt? Wie kommt es, daß die Christenheit den Auferstandenen meist bloß »Herr« nennt (als stünde er ihr von außen gegenüber), statt die Botschaft ernst zu nehmen, daß wir Christen Glieder eines Leibes sind, dessen Ich der menschliche

Gott in Person ist? Was ist schuld daran, daß die christliche Grunderfahrung (Gottes Reich ist nicht ausgeblieben, sondern als lebendigbelebender Leib Christi seit der Auferstehung tatsächlich *schon* unsere tiefste Wirklichkeit) so vielen, die sich Christen nennen, nie im Leben zuteil geworden ist? Irgend etwas muß schrecklich falsch gelaufen sein seither; auf eine Weise, die es zu verstehen gilt, muß die Christenheit das Christentum mißverstanden haben, sonst hätte es nie aus einer Frohbotschaft zu einer Drohbotschaft versauern können. Wie ist das passiert?

2. Der Leibglaube verfiel zur Herrschaftsideologie

Glaubend weiß die Vernunft in bestimmter Perspektive das Ganze, einsehend weiß der Verstand eine bestimmte Teilperspektive des Ganzen. So gegeneinandergehalten, zeigen die beiden grundverschiedenen Weisen des Weltverständnisses, wie leicht sie zu vermengen und zu verwechseln sind. Sieht F. seiner S. ins Auge, so kann er das als Liebender tun *oder* als Augenarzt, in besonders wachen Momenten sogar als beides; dennoch verwischt sich ihm nicht der Unterschied, ob er die Strukturen eines *Auges* medizinisch versteht oder den Sinn eines *Blicks* liebend erfaßt, ob er also eine bestimmte Teilperspektive des lebendigen Ganzen da vor ihm wissenschaftlich weiß (all das Wissen verwertend, das er sich über das Thema des menschlichen Sehapparats in langen Jahren erworben hat) *oder* ob er – in bestimmter Perspektive, nämlich als Blick (es gäbe auch Stimme und Hand) – dieses lebendige Ganze selbst vernimmt.

Allerdings ist nicht jeder Blick ganzheitlich; dem abschätzend interessierten Blick (etwa eines Zeitschriftenwerbers) begegne ich klugerweise ebenfalls verständig, nicht rein vernehmend – es sei denn, die Gnade verleihe mir die Seelenkraft von Dostojewskis »Idiot«. Wer aber auf irgendeinen Vollzug, in dem ein Mensch sich als Ganzes darbietet, bloß verstehend, einordnend, ausnutzend eingeht statt gläubig-total, der mißbraucht das Vertrauen des anderen, verhält sich nicht klug, sondern höchstens schlau.

Weil aber beide Weisen, der begreifende Verstand wie die glaubende Vernunft, sich auf das Lebensganze in einer seiner bestimmten Perspektiven beziehen und weil – im Gegensatz zum *Vollzug* – dessen *Ausdruck* stets zweideutig ist (die Vernunft verfügt über keine anderen Wörter als der Verstand), deshalb ist die Vermischung beider Weisen eine unaufhebbare Dauergefahr. »Ihre Frau gefällt mir gar nicht«, sagt der Arzt; »Meinen Sie, mir?« ist des Ehemanns Antwort. Wem er nicht zu gering ist, der hält mit diesem Witz einen Schlüssel zum Verständnis der Kirchengeschichte in Händen.

Von Anfang an schillert die christliche Botschaft in der Zweideutigkeit zwischen vernünftigem Glauben an einen bestimmten Offenbarungsblick des Ganzen und verständiger Einsicht in eine (zwar durch Offenbarung mitgeteilte, aber dann doch) nach Art eines Einzelwissens begreifbare Information. Je weiter die Kirche sich von ihrem Erfahrungsursprung entfernte, je mehr sie sich aus schlauen Mitläufern des Trends zusammensetzte, je mächtiger sie in dieser Welt wurde, um so mehr überwog die ideologische (= als Strukturwissen mißverstandene) Deutung ihrer Lehre den ursprünglich gemeinten existentiellen Glaubenssinn, bis schließlich Verfechter wie Bestreiter des »Glaubens« es beide nicht mehr mit Glaubenswissen, sondern mit einer fälschlich dem Verstand sich anbiedernden Information zu tun hatten.

(Die folgenden drei Absätze enthalten einen zusammenfassenden, zunächst rätselhaften Vorgriff; beim Weiterlesen klärt er sich von selbst.) Drei klare Schubladen kennt – was unser Thema betrifft – der trennende Verstand: dies, alles und nichts. Entweder gerade diese Gruppe lebt im Heil (a) oder alle tun es (b) oder keiner (c). Jede solche Aussage scheint eindeutig, eignet sich zur Propaganda. a) ist die kirchliche Ideologie, b) die unkirchlich positive, c) die unkirchlich negative. Der christliche Glaube umfaßt und relativiert sie alle. Denn keiner lebt so im Heil, daß er sich anderen gegenüber darauf etwas einbilden könnte (c); doch dank der Huld des Ganzen, die uns in Jesus Christus offenbart worden ist (a), dürfen wir glaubend vertrauen, daß alle Gutwilligen in und mit dem Ganzen für ewig am Leben sind (b).

In drei Themenkreisen entfalte ich diese Grundstruktur. Bei der folgenden Übersicht steht – nach kurzem Verweis auf die christliche Erfahrung – zuerst die überkommene Position der kirchlichen Ideologie, entsprechend der Kategorie dies – hier – jetzt (a), dann die unkirchlich-positive: alles – überall – immer (b), dann die unkirchlich-negative: nichts – nirgends – nie (c), endlich die geheimnisvolle Wahrheit des christlichen Glaubens: Aus sich wäre nichts nirgends nie heil (c); gemäß Jesus Christus, dem göttlichen Einbruch in die Welt, wie dies (glaubende Kollektiv) ihn jetzt und hier unüberbietbar erfährt (a), lebt jedoch alles überall immer im Heil (b), wenn es diesem nicht ausdrücklich widerspricht.

Niemand erschrecke vor der geballten Ladung Fremdwörter; was sie meinen, ist ebenso einfach wie wichtig und läßt sich alles auch deutsch sagen, nur nicht so kurz. Man dachte also ideologisch (a b c) statt existentiell; aktualistisch (a), optimistisch (b) oder pessimistisch (c) statt transzendental; kausal (a), symbolistisch (b) oder magiekritisch (c) statt sakramental; exklusiv (a), inklusiv (b) oder anti-illusionär (c) statt repräsentativ.

Zur Ideologie kippt ein vernünftiger Glaube um, sobald er sich als verständige Wissenschaft mißversteht. Statt demütig mit der Offenbarung *eines* Antlitzes des geheimnisvollen Ganzen zufrieden zu sein und auf das so Gewußte mit dem Einsatz seiner ganzen Person einzugehen, will der hochmütige und herrschsüchtige Ideologe *das* Ganze so ähnlich begreifen wie irgendein Einzelthema der Wissenschaft. Weil (anders als der Vernunft) dem Verstand zwei Gegen-Sätze nicht beide wahr sein können, erklärt der Ideologe alle, die ihm nicht zustimmen, zu Irrlehrern; wo er die Macht hat, wird er sie zensieren bis liquidieren. Statt sorgsam zwischen Existenzwissen und Wissenschaft zu unterscheiden, hält der Ideologe das Existenzwissen seiner Tradition um so fanatischer für Wissenschaft, je weniger es sein eigenes Herz erfaßt hat.

Lassen wir uns nicht dadurch täuschen, daß er sich demütig gibt und laut die Offenbarung preist. Auch mitgeteiltes Strukturwissen ist solches; wenn der Medizinstudent seiner Freundin ins Auge blickt und dort mit Mühe einiges von dem sieht, was sein Professor ihm offenbart hat, während er den Rest brav glaubt, so verhält er sich doch als (abgeleitet) strukturwissend, begegnet dem lebenden Ganzen vor ihm keineswegs ganzheitlich. Ihm gleicht der offenbarungsgläubige Ideologe. Sein »vom Glauben erleuchteter Verstand« meint verständig zu wissen und steckt unversehens kopfüber im Aberglauben.

Sobald die Mehrheit der »Christen« keine persönlichen Heilserfahrungen mehr *machte*, sondern über die christlichen Wahrheiten belehrt *wurde* (gar von einem strengen Lehrer mit dem Rohrstock), wuchs dieses Mißverständnis krebsartig, vergiftete weithin den kirchlichen Gesellschaftskörper. *Man* war Christ und man *wußte* (anders als die armen Heidenkinder), wie alles im Himmel und auf Erden sich verhält. Wer anderes meinte, war dumm oder böse, vermutlich beides, zum Beispiel dieser Giordano Bruno. Auf die Idee, Gott könne anderen ein ganz anderes Gesicht zuwenden, dessen Vereinbarkeit mit dem christlichen sich erst nach geduldiger Mühe zeigen würde, darauf kam die Christenheit nicht. Und doch gleicht die göttliche

Wahrheit einem jeweils blitzenden Blick, nicht der Form eines Auges; von solchen Blicken sollen wir erzählen, nicht aber andere an die Struktur eines Auges glauben heißen. (Wohl kann der *Ausdruck* der Erzählung von einem solchen Blick Thema einer – nicht ideologischen – Wissenschaft werden, der Exegese. Da gibt es eindeutiges Wahr und Falsch, aber nur in bezug auf eine bestimmte Rede *über* das Heil, nie was das Heil selber angeht.) Das Heil können wir weder wissenschaftlich noch ideologisch begreifen, nur existentiell ergreifen.

Dies mag manchem recht theoretisch klingen, es ist aber brandaktuell, ja weltpolitisch bedeutsam. Denn nicht nur im Christentum ist ein göttlich-heiler Ursprung bald von der Herrschaftsideologie beschlagnahmt und um seinen menschenfreundlichen Sinn gebracht worden. Dem Judentum und dem Islam ist es ebenso ergangen. Dies ist die faszinierende These von Günter Lüling. Arabist und Steinzeitforscher von Rang, sieht er sowohl im alten Israel der Stämme als auch in der Jesusbewegung und ebenso im beginnenden Islam eine uralte Weltsicht am Werk, die unserer »materialistisch leistungsfähigen und erfolgreichen« keineswegs unterlegen ist: »Das archaische System der Weltdeutung ist gerichtet auf die sichtbaren vordergründigen Erscheinungen aller Objekte *und* auf das ›personale‹ Subjekt hinter dem Erscheinungsbild dieser Dinge ... Es ist tatsächlich ein wesentlicher Charakterzug dieser steinzeitlichen Wissenschaft, daß sie in einer Identifikation (oder: gegenseitigen Interpretation) aller Lebewesen und Dinge der Welt untereinander und des Betrachters mit ihnen besteht.«

Lüling weiß, daß er eine »revolutionierende neue Sicht des Kulturkreises der biblischen Religionen« vorschlägt; es »ergibt sich ein völlig anderes Konzept für das Verständnis der Entwicklungsgeschichte von Altisrael über das Christentum bis zum Islam: Es kann keine stufenweise moralische Entwicklung von primitiv zu hochstehend gesucht und erforscht werden, weil es sie nicht gab. Es ist im Alten Testament vielmehr der im Wechsel von Siegen und Niederlagen nach beiden Seiten hin wogende Kampf zwischen zwei grundverschiedenen Systemen des Weltverständnisses zu beobachten.«

Lülings Koranforschungen haben ergeben, daß Mohammed selbst sich nicht gegen Heiden wandte, vielmehr gegen byzantinische Christen, die aber das Herzblut der christlichen Botschaft (»ich nenne euch nicht mehr Knechte, sondern Freunde«) vergiftet und durch die Gesinnung von Schergen des irdischen *und* des himmlischen Kaisers ersetzt hatten. Gegen diese Mentalität (die heute weltweit alle Apparate bestimmt) hatte schon Jesus, der wahre Hirt, sein eigenes Programm abgegrenzt: »Tatsächlich ist der neutestamentliche Messias ›der Hirte, der sein Leben gibt für die Schafe‹ (Joh 10,12), seiner ideengeschichtlichen Herkunft nach der blutrechtliche Stammesfürst, der der Blutrechtsordnung gemäß sein Leben bedingungslos einzusetzen hat für das Recht der Seinen. Und er ist der schuldlos leidende Knecht seiner Angehörigen, weil er nicht selten auch, selbst schuldlos, die Schuld ihm untergeordneter Stammesmitglieder gegen Stammesfremde mit seinem Leben einlösen muß ›wie ein Lamm, das zur Schlachtbank geführt wird‹ (Jes 53,7). Ihm steht gegenüber ›der Mietling, der kein Hirte ist‹ (Joh 10,12), d. h. der gegen Lohn angestellte Richter und Staatsmann der Hochkultur.«[28]

Solange Juden, Muslime und Christen in ihrem Großreichdenken befangen bleiben, verfehlen sie die göttliche Offenbarung und können sich auch miteinander nicht versöhnen. Wie könnte die Erde aussehen, wenn Abrahams, Jesu und Mohammeds Jünger sich an die Absichten ihrer Stifter hielten statt daran, wozu herrschaftsbewußte Funktionäre die Ursprünge verkehrt haben!

3. Wo und wann ereignet sich das Heil? (Das Prinzip »transzendental«)

Die christliche Erfahrung. Wir haben den Messias gefunden, uns ist das Heil widerfahren; das Geheimnis, seit alters verborgen, uns hat es sich offenbart. Solcher Sätze ist das Neue Testament voll. Eine ungeheure Sinnwoge hat diese Christen gepackt und ihr Leben verwandelt: jetzt ist der Tag des Heils, alles ist anders und wir sind dabei. Seit es Menschen gibt, haben sie darauf gewartet, noch die spätesten Geschlechter werden es erzählen, wir aber – Gott sei gelobt – leben in der Fülle der Zeit und am Ort der Gnaden.

a) *Das aktualistische Mißverständnis*. Ein übergroßes Wunder wäre es gewesen, hätte diese Fülle nicht ihre Gefäße zersprengt. Keine Vorbilder gab es, noch nie hatte der Himmel sich der Erde vermählt, der Heilsblitz eingeschlagen. Das Denken der Getroffenen war der unendlichen Energie nicht gewachsen. Sie wußten: Uns ist es geschehen, nicht den anderen, die keine Hoffnung haben. Mögen ihre Schwerter gleißen, ihre Paläste ragen, ihre Sinnsysteme Ordnung stif-

28 *Günter Lüling*, Sprache und archaisches Denken, Erlangen 1985, 205.5.210.202.

ten – das Entscheidende ist vor ihnen verborgen; denn sie kennen *ihn* nicht, in dem allein die Gottheit leiblich wohnt.

Uns hier und jetzt ist das Heil offenbart, wir leben im Licht; den anderen nicht, also leben sie im Finstern. Die Folgerung drängt sich auf, trotzdem ist sie falsch. Ein bestimmtes Licht ist jenen Christen aufgeleuchtet, bis zum Ende der Geschichte werden wir es bekennen, und das ist gut. Daß dieses blendende Licht uns aber die Reinheit unserer Augen verfärbt hat, so daß jede andere Helle uns finster scheint: das ist nicht gut. Das endgültige Ja des Ganzen inmitten der Geschichte hat sich nur uns ausdrücklich offenbart, insofern *sind* wir *das* Licht der Welt. Doch nicht bloß die Lampe ist im Licht. Das Licht reicht weiter als sie. Das aktualistische Mißverständnis, als wäre das Heil allein dort wirklich, wo seine Endgültigkeit sich ausdrücklich aktualisiert, muß überwunden werden.

Es wird berichtet, vor vierhundert Jahren hätten manche Japaner sich fast von der christlichen Verkündigung überzeugen lassen. Als sie aber fragten, was denn mit ihren Ahnen sei, und die Jesuiten antworten mußten, die seien leider verdammt, da hätten jene Japaner an dieser Auskunft die tiefe Unmenschlichkeit des Christentums erkannt und seien, statt Jünger, seine zornigen Gegner geworden. Ein Gott, der Menschen ins Unheil stößt, nur weil sie eine bestimmte historische Bedingung schuldlos nicht erfüllen, das kann nicht der wahre Gott sein. So provoziert das aktualistische Mißverständnis seine beiden Gegensätze. Nur diesem hier jetzt kann das Heil nicht zukommen: Entweder gibt es überhaupt *keines*, oder es gibt sich immer schon überall *allen* Menschen, einfach weil sie Menschen sind.

b) *Den optimistischen Widerspruch* bringt die Aufklärung vor. Jesus habe dem Menschengeschlecht zwar zu größerer Klarheit verholfen, eben deshalb bräuchten wir Späteren ihn aber nicht mehr. Auch die Früheren hätten ihn *im Grunde* nicht gebraucht, denn in jedes Menschen Herz leuchte die Wahrheit Gottes unmittelbar (Joh 1,9). Was Menschenantlitz trägt, hat nicht nur die Pflicht, sondern im Prinzip auch die Kraft, menschlich zu leben, und findet dabei sein Heil. Das Gerede von einer Erbsünde ist als pfäffische Seifenreklame zu entlarven (Leute, glaubt an euren Dreck, wozu sonst unsere Seife?). Alle Menschen sind von Natur aus gut; lebten alle nach ihrer Natur, dann hätten wir die heile Welt; trotz mancherlei Unheils ist sie aber immerhin noch die beste aller möglichen Welten. Nichts, was irgendwann irgendwo geschieht, ist für das Heil *wesentlich*; nur beschränkte Narren glauben, daß ein irdisches Entweder-Oder von ewiger Bedeutung sei. Keinen entscheidenden Augenblick gibt es, sondern stets und überall gilt die allumschließende, jeden Widerspruch letztlich auflösende göttliche Einheit.

c) *Der pessimistische Widerspruch.* Ihm scheint der kirchliche Egoismus schäbig, der aufgeklärte Optimismus allzu naiv. Weder gerade hier und jetzt ist das Heil noch stets und überall. Nie und nirgends war die Welt in Ordnung. Das Ganze, zu dem Auschwitz, Gulag und die Alltagshöllen so vieler Ehen und Einsamkeiten gehören, ist offenbar absurd. Wartet nicht auf Godot, er kommt nie. Daß er je käme, ist nicht einmal vorstellbar: Wer ertrüge die Langeweile eines total ordentlichen Daseins? Ob Sisyphos seinen Stein weiterrollt oder ein Pol Pot den Menschen zielbewußt zum Tier zurückentwickelt – zwar kein Heil, aber doch unsere einzige Würde liegt darin, dem Nichts ungescheut in die Fratze zu schauen.

Zusammenschau. Je nach Umständen und Stimmung klingt dem einzelnen Gemüt das optimistische oder das pessimistische Weltbild überzeugender. Keines kann sich der Vernunft der Menschheit aufdrängen. Sie schwankt oder schwebt zwischen ihnen im Ungewissen. Je vernünftiger eine Kultur oder ein Einzelner ist, desto mehr muten sie sich diese Ungewißheit zu. »Weisheit« – das riecht nach milder Skepsis, seit Sokrates vom Orakel darum der Weiseste genannt wurde, weil er als einziger wußte, daß er nichts wußte. Über diese leere Indifferenz durch Interferenz führt nicht das denkbar Schönste und nicht das unausdenkbar Gräßliche hinaus. Die neunte Symphonie als Totalsymbol wird von den Folterkammern ausgelöscht, der Fluch der Krebsstation vom Liebeswalzer gebannt. Weder Schwarz noch Gold gelangt zu klarer Geltung.

Bis zum Christusereignis. Im Glauben erfaßt, endet es die Zweideutigkeit, erlöst die von ihm Ergriffenen aus dem absoluten Schwanken. Nicht so aber, daß eine der beiden Seiten allein recht bekäme. Jesus kündet das Reich Gottes an; der beste aller Menschen erleidet den schändlichsten Tod. Christus der Lebendige wird das neue Lebensprinzip seiner Gläubigen: das Reich Gottes beginnt. In diesem Totalgeschehen werden die groben Monokategorien des menschlichen Weltverständnisses zerschmolzen und zu den feineren Denkzeugen neu geschaffen, mit denen in einer zweideutig bleibenden Welt dennoch das eindeutige Heil erfaßt werden kann.

Während Jesus sich hilflos windet, klatschen die Zyniker Beifall. Anderen hat er geholfen, warum hilft Gott ihm nicht? Ist er nicht sein Vater? Viele Szenen der Geschichte sind ebenso grausam, Jesu Leiden war kein Sonderfall. Auch am Karfreitag bestätigt sich der abgründigste Pessimismus. Eine Welt, in der solches geschieht, ist heillos.

Und doch, während die Finsternis uns zu ersticken droht, fährt es wie ein rettender Windstoß durch die Giftschwaden. Sterbend betet Jesus für seine Peiniger: »Vater, vergib ihnen, denn sie wissen nicht, was sie tun.« Die Liebe dieses Mannes ist stärker als Qual, Haß, Angst, Tod. Und auch als so betend – das erkennt später der Glaube – wird der Auferstandene verewigt und in Macht eingesetzt. Christus, Herr der Lebenden und Toten, nimmt dieses Gebet nicht zurück. Das heißt: Sogar jene zynischen Mörder sind, wenn sie nur wollen, im Heil, selbst ihnen ist es angeboten. Das aber bedeutet: Vom Osterlicht wird der leuchtendste Optimismus bestätigt. Wenn jenen Bösen vergeben wird, dann uns allen, die je gelebt haben oder leben werden.

Ist damit aber die Zweideutigkeit nicht auf die Spitze getrieben? Der Karfreitag bestätigt den Pessimismus – aber da ist Jesu verzeihendes Gebet. Ostern bestätigt den Optimismus – aber da bleibt Jesu Sterben; denn *in* ihm (weiß Johannes) wird er verherrlicht. Der Verstand steht vor einem unlösbaren Rätsel, sein Wissen versinkt im Taumel der Ohnmacht.

Der glaubenden Vernunft des Christen aber klärt sich der Sinn: Unsere Sünde wurde am Kreuz vernichtet, unser Leben ist erstanden. »Sünde« kommt von »sondern«; sofern ich auf meinem be-sonderen Standpunkt bestehe, alles um mich sich drehen lasse und meine, auf mich komme es an – insofern hat der schärfste Pessimismus recht. Der Egoist verdient den Tod und findet ihn; wer sein Leben sucht, wird es verlieren. Hart ist diese Botschaft, die Welt will sie nicht hören, auch nicht die Welt in jedem von uns. Eine Christenheit, die dem satten Bürger diese Härte nicht zumutet, hat ihr Salz verloren, ruht behäbig auf dem Müll der Geschichte.

Für das isolierte Individuum oder Volk, das sich Glück scheffeln und speichern möchte, für es gibt es keine Hoffnung. »Die Sünde ist nichts, und zu nichts werden die Menschen beim Sündigen«, sagt Augustinus.[29] Nur logisch, daß auf dem Standpunkt des Nichts der Nihilismus die angemessenste Weltdeutung ist, in welcher Maske auch immer er auftritt. Jedes naive »Heil-für-alle«-Geschrei, welches diese alle auf dem jeweiligen Egostandpunkt im Blick hat und

29 In Ev. Io. 1,13.

dessen Nichtigkeit verdrängt, ihm widerspricht Christi Kreuz. Wehe euch, die ihr jetzt lacht, denn ihr werdet weinen, und früher als ihr denkt.

Dem Gericht über unseren Ego-Wahn dürfen wir nicht entfliehen. Ohne Karfreitag kein Ostern. Löst der Krebstrotz eines Einzelorgans sich aber auf, fügt es sich liebend ins lebendige Ganze ein, dann offenbart der Untergang des Egoismus seine geheime Innenseite, den Aufgang des Selbst. Der pelzige, abgesonderte Finger belebt sich wieder und merkt, daß er unendlich viel mehr als bloß er ist: ich. So verstanden, stimmt der Slogan »Heil für alle«, bedeutet nichts anderes als die erhoffte ewige Gesundheit des ganzen Leibes Christi.

Nur dank der Christuserfahrung kann die Menschheit den optimistischen und den pessimistischen Grundklang auseinanderhalten und *so* vereinen; ohne diese Offenbarung höben die lichte und die finstere Welle einander durch Interferenz auf und ließen uns ratlos. Wir dürfen aber nicht das, was die christliche *Erfahrung* von Anfang an leistet (dabei gibt es keinen Fortschritt, nur Schwächung), dem irreleitenden aktualistischen *Verständnis* dieser Erfahrung zuschreiben. Solange jemand ihm verhaftet bleibt, kann er vielmehr als Denker das nicht erklären (nicht einmal sich selbst), wovon er doch als Glaubender überzeugt ist.

Sehen wir uns die »christliche Weltanschauung« einmal von außen an, wie sie einem spöttischen Blick erscheinen mag: Vor den vielen endlichen Dingen und Personen gibt es die drei unendlichen, göttlichen Personen, mitsammen der eine Gott. Er hat die Welt geschaffen, die ersten Menschen fielen von ihm ab, wurden aus dem Paradies verstoßen, ihre Nachkommen trieben es immer schlimmer. Daraufhin wählte Gott sich ein Volk aus und stieß es in allerhand Abenteuer, bis eines Tages die zweite göttliche Person als Jesus Mensch wurde. Nach seinem Tod ist er auferstanden und hat seine Jünger als Glaubensboten ausgesandt. Wer ihnen (und heute ihren Nachfolgern, den Pfarrern) glaubt und auch sonst ein ordentlicher Mensch ist, kommt nach dem Tod in den Himmel; wer das nicht tut, geht das Risiko ein, in die Hölle zu kommen. Sicher ist sicher, also läßt man seine Kinder taufen und zahlt seine Kirchensteuer.

Meine Kritik an dieser Ideologie wendet sich, wohlgemerkt, nicht gegen die Erfahrung, die bei wahrhaft Gläubigen ihren Kern bildet. Der ist – wie jede Erfahrung – unangreifbar. Die Ideologie aber hat m. E. keine Chance, mit den Einwänden des kritischen Verstandes fertig zu werden:

– Von einem geschichtlichen Ereignis kann nicht das Heil abhängen. Alles ist entweder im Grunde immer schon gut oder unrettbar verpfuscht. Was ein fremder Jemand – und sei er noch so unendlichmal größer und mächtiger als ich – beschließt oder durchmacht, kann mich zwar äußerlich betreffen, geht mich aber nicht im Innersten an. Ob eine andere Person mir freundlich oder zornig gesinnt ist, kann freilich mein Glück oder Unglück ausmachen, nicht aber mein Heil oder Unheil.

– Jesus ist hochzuachten, er war ein wunderbarer Mensch. Viele andere aber haben es auch nicht leichter gehabt und belasten dennoch nicht Jahrtausende mit der Wucht ihres Anspruchs. Nichts gegen Jesus, alles aber gegen diesen Christus, in den er sich unbegreiflicherweise verwandelt hat: der nur seine Freunde grüßt, seinen Feinden jedoch, statt sie zu lieben, Schlimmes für immer androht: wer nicht glaubt, wird verdammt werden. Wer vor einem solchen Verächter der Menschenwürde kuscht, mag es tun; was er damit erlangt, ist höchstens geistloses Wohlsein im kommenden Paradies, gewiß nicht das Heil, wie es einem freien, selbstbewußten Menschen ansteht.

Dieser Anklage hält der christliche Glaube stand, nicht aber die eben geschilderte »christliche Weltanschauung«. In ihr tritt nur die Herrschaft Gottes über uns deutlich ins Bewußtsein, seine *Andersheit*. Ein nur Fremder kann jedoch, und sei er mir noch so gnädig, nie mein Heil sein. Der dem Glauben ebenso wichtige Gegenpol, Gottes *Nicht-Andersheit*, fehlt in der kirchlichen Ideologie.

Das vorgeschlagene Ich-Leib-Grundverständnis dagegen enthält ihn aufs deutlichste. Läßt die Vernunft sich auf es ein, stößt sie sofort auf beide Pole: über und in. In meinen Gliedern lebe ich, bin ihnen kein Fremder, sondern ihr Eigenstes; zugleich bin ich aber jedem einzelnen von ihnen unendlich überlegen. Wir erinnern uns: Mich kratzt die Katze, wenn sie meinen Finger kratzt; fräße der Hund meinen Finger, so doch nicht mich. Wer diesen Unterschied tief genug begreift, dem hat sich das Problemfeld Theismus – Atheismus – Pantheismus – Mystik im Prinzip geklärt. Kein elfter Superfinger bedroht die zehn von oben her, sondern ich, der zugleich ganz andere und nicht andere, belebe sie von innen (als Finger-Ich) *und* außen (als Wer-Einheit des übrigen Ganzen) zumal.

Ich bin jemand und bin ihr Höchstes, trotzdem bin ich ihnen kein höchster Jemand. Jene unbegreifbaren Sätze dialektisch-paradoxer Theologie, mit denen so viele Leser sich jahrzehntelang herumquälten (bald am eigenen Verstand zweifelnd, bald an dem der Verfasser), werden in dem Augenblick durchsichtig, wo wir damit Ernst machen, daß wir selbst zu Gottes Gleichnis geschaffen sind. Deshalb bist auch du (als Verhältnis deiner zu deinen Gliedern) deinem Verstand undurchschaubar, deiner Vernunft aber liegt dies Verhältnis klar zutage und in ihm, ihrem Gleichnis, auch Gottes Beziehung zu dir.

Wer ist Jesus Christus? Die traditionelle Antwort »Gottes Sohn« bleibt wahr und notwendig; der Sohn blickt auf zu seinem Vater im Himmel und lehrt auch uns diese Blickrichtung: »Vater unser im Himmel«. Wer *nicht* voll Ehrfurcht das Auge seines Herzens zum Unendlichen erhebt, kann allzu schnell den Sinn für Gottes Erhabenheit verlieren und in der eigenen Winzigkeit steckenbleiben. Christi Sohnestitel samt dem darin enthaltenen Droben ist unaufgebbar. Das Programm »Innen statt droben« verwirft nicht den gläubigen Blick nach droben, sondern allein das gesellschaftliche Paradigma, in dessen Rahmen die Oben-Wahrheit bisher verstanden worden ist! An seine Stelle soll das Leib-Christi-Evangelium treten; in ihm hat der Sohnbegriff nicht die tragende Funktion, sondern eher die »spannende«: damit die unendliche Distanz zwischen uns und Gott unserem Ich nicht unzulässig verbiedert wird, deshalb sollen wir uns weiterhin als Kinder des himmlischen Vaters fühlen.

In Christus jedoch. Tragend sei die andere Grundkategorie des Neuen Testamentes: Logos. »Im Anfang war das Wort, und das Wort war bei Gott, und Gott war das Wort.« Hier von Hellenisierung zu sprechen ist Unsinn; um Gottes schöpferisches und erlösendes Wort zu kennen, brauchte die Johannesgemeinde nicht griechische Philosophie zu studieren, die jüdische Bibel reichte. Viele Worte spricht Gott, auch jeder von uns ist ein »Beiwörtlein des Wortes« (Meister Eckhart), welches ist aber *das* Wort Gottes? In welchem Wort sagt er nicht nur die eine oder andere Idee, sondern sich selbst ganz und gar?

So gestellt, beantwortet die Frage sich von selbst. *Das* Wort Gottes lautet: »ich«. Was Gott sagt, wenn er sich selbst aussagt, kann deutsch nur »ich« heißen. Unterscheiden wir nun zwischen dem *Begriff* und dem *Wort* »ich« (Logos heißt beides). Der Ich-Begriff ist derselbe geistige Inhalt, ob ein Deutscher »ich« oder ein Spanier »yo« sagt. Sogar wortlos kann ich *mich* erleben, sooft ich mich auf mich selbst konzentriere. (Eben diese Grunderfahrung, die jedem – »kategorialen« – Einzelvollzug begründend vorausliegt, nennt Karl Rahner »transzendental«; nur in diesem Sinn verwende ich den Ausdruck.)

Des Menschen Ich-Begriff vor jedem Wort entspricht bei Gott dem ewigen Logos, abgesehen von der Schöpfung. »Durch ihn und auf ihn hin ist alles geschaffen« (Kol 1,16). Jeder meiner – gliedhaften oder phantasierten – Einzelvollzüge *ist* schon eine Selbstverwirklichung, bevor ich das ausdrücklich weiß. Irgendwann aber kommt es zur reflexen Selbstvergewisserung: Ja, das habe *ich* gemalt. Ja, diese vom Winterwind erfrischte Backe, sie bin *ich*. Die Reflexion bedarf, um den *Begriff* zu erfassen, eines bestimmten *Wortes*, egal in welcher Sprache. Als Gott in irdischer Sprache seiner selbst inne wurde, sagte er »Jesus Christus«. Zuerst steht das Ich als bestimmte Gehirnschaltung, bestimmter Klang oder Schriftzug *neben* meinen anderen Vollzügen, ist gegen sie abgesetzt. So heißt das göttliche Ich auf Erden »Jesus«.

Dann aber, im *Urteil* der Selbstvergewisserung, verschwindet das Ich als besonderer Vollzug, identifiziert sich mit dem jeweiligen Themavollzug, erhebt so auch diesen zur unüberbietbaren Klarheit des ausdrücklichen Selbstbewußtseins: *Das* habe ich gemalt, die *Backe* bin ich selbst. Obwohl es alles an mir bedeutet, hat das Ich jetzt doch keinen Eigenwert mehr, sondern geht unter, um mein Bild oder meine Backe als mich mir (und zugleich, nach der Identifizierung, natürlich auch: sich) bewußt zu machen. »Jetzt ist die Krisis (lat. iudicium = Gericht, Urteil) dieser Welt« (Joh 12,31).

Ein nützliches Denkzeug der Tradition kann uns diese Einsicht zum sicheren Besitz machen. Ich meine die scholastische Unterscheidung zwischen Sein und Sinn. So achtet etwa Thomas von Aquin bei der Kategorie der Beziehung auf zweierlei: »ihr *Sein* (esse), demgemäß sie im Subjekt gründet, und ihren *Sinn* (ratio), demgemäß sie sich auf etwas anderes bezieht«[30]. Ähnlich gilt es auch beim Wort »ich« zweierlei einzusehen: Seinem Sein nach tritt es *neben* andere Wörter und Vollzüge; seinem Sinn nach umfaßt es (in mir) alles überhaupt und hält es zusammen. Des Sinnes halber muß beim Urteil das Sein (als Nebensein) verschwinden, um sofort (als Insein) aufzuerstehen. »Ich« und »Backe« sind verschiedene Wörter, aber auch die Backe bin ich, in ihr ist mein Ich nichts anderes als sie. So steht Jesus den anderen gegenüber: »Ich bin das Licht der Welt.« Doch »es ist gut für euch, daß ich fortgehe«; denn auch »ihr seid das Licht der Welt«.

Diese geistliche Erfahrung kann bei unserem Gleichnis jeder leicht machen; ich (der vom Wort »ich« Bedeutete) *bin* auch im Daumen ich selbst und überhaupt in jeder meiner Zellen. So ist das ewige Wort (»ICH«) in Jesus auf besondere Weise, weil dieser Mensch außer

30 I Sent. d.26 q.2 a.1

seiner Christusbedeutung nichts Eigenes war (keine geschaffene Person), derselbe Christus lebt aber nach dem Maße unserer Lebendigkeit auch in uns: »Ich lebe, aber nicht mehr ich, Christus lebt in mir.« Oder wie es der Cherubinische Wandersmann sagt: »Ach, könnte nur dein Herz zu einer Krippe werden, Gott würde noch einmal ein Kind auf dieser Erden.«

Transzendental denkender Glaube kann christliche, optimistische und pessimistische Wahrheit verbinden. Der Optimismus hat recht; jeder je gewesene oder noch kommende Einzelvollzug ist ich, gehört zu meinem Gesamtleben, ist von Anfang an sinnvoll, bedarf dazu keines fremden Einflusses. Weil das Christusereignis nichts anderes bringt als die ausdrückliche Bestätigung des Ich, deshalb bekräftigt es – in geschichtlicher Klarheit – die allgemeine Hoffnung des Optimisten. Wer ihm freilich widerspräche, es (wissend, was er da tut) zurückwiese, der fiele allerdings aus seinem Heil hinaus, dem Daumen gleich, der durchaus nicht ich sein wollte. Wohl ist »Daumen« ein anderes Wort als »ich«, dieser Unterschied wird in der Ausdrucksdimension auch nicht verwischt, doch erweist er sich im Urteil als unerheblich; die verbale Differenz wird überstrahlt von der lebendigen Identität. Deshalb konnte Paulus den Satz wagen: »Wenn wir auch Christus nach dem Fleische gekannt hätten, kennen wir ihn jetzt doch nicht mehr« (2 Kor 5,16).

Auch der Pessimismus hat recht; für das getrennte, isolierte Einzelne als solches gibt es tatsächlich kein Heil. Vom Ganzen geschieden, wäre der Zöllner ebenso verloren wie der Pharisäer. Hätte Jesus sich als Individuum so wichtig genommen wie später die Kirche ihren Stifter, wäre er nicht Christus geworden. Das tat er aber nicht. »Was nennst du mich gut? Keiner ist gut als Gott allein« (Mk 10,18). Für sich genommen, seinem Sein nach, ist das Wort »ich« nicht besser dran als die anderen, setzt sich ebenfalls aus Gehirnmaterial oder Buchstaben zusammen, sähe bei anders verlaufener Sprachgeschichte anders aus. Ein Mensch, der von seinem Ich verhext wäre und den ganzen Tag »ich« lallend herumliefe, wäre ein Narr.

Nicht das Sein gibt dem Ich seinen Rang, sondern der Sinn; ihn zu vollziehen, muß es das Sein opfern. Leider hat die Kirche, statt den Sinn zu preisen, ihr Lob dem Sein gesungen und so (im Bewußtsein der meisten Hörer) den Sinn der Botschaft verdüstert. Wohl gebührt Jesu göttlicher Person unser ehrfürchtigster Kult – jener kriecherische Personenkult aber, den man vielerorts mit Christus als individuellem Himmelskönig betreibt, ist nicht im Sinne Jesu und deshalb auch gegen den Willen Christi. Wer nach Ostern vom Sinn des Ganzen so redet, daß wir nicht dabei sind – von vornherein: »in ihm geschaffen!« –, der spricht weder ev-angelisch noch kat-holisch, sondern als selbstentfremdetes, unerlöstes Opfer einer noch vorchristlichen Religiosität; daß der Inquisitor seinen Moloch Christus nennt, macht seinen Götzendienst nur grausiger.

Dank Christus erlöst, sollen wir nicht allein in unserer Kirchenzugehörigkeit, sondern in sämtlichen uns bergenden Zusammenhängen das angebrochene Heil aufzuspüren trachten. In allen Verhältnissen und Dimensionen wird ja das Sein konkret, das in Christus schon das neue geworden ist. Kritisch müssen wir immer sein. Wer aber nicht grundsätzlich *jeden* Bereich schon in Gottes Licht getaucht sieht – wie umgekehrt auch die Kirche noch in teuflische Schatten –, der bete um Erlösung von seinen Scheuklappen, er wird (Lk 11,13) gewiß erhört.

4. Wie wird das Heil bewirkt? (Das Prinzip »sakramental«)

Die christliche Erfahrung. Das von Jesus angekündigte Reich Gottes ist als Christi Auferstehungsleib, der uns Glaubende zu Gliedern hat, in verborgener Wirklichkeit schon gekommen – dies war die faszinierende Erfahrung der Paulusgemeinden. Nicht ein poetisches Gefühl drückten sie aus, sondern die wirklichste, leibhaftigste Wahrheit mit drastischen Folgen für den Alltag: »Wißt ihr nicht, daß eure Leiber Glieder Christi sind? Nehme ich nun die Glieder Christi und mache sie zu Gliedern der Hure?« (1 Kor 6,15).

Wie wird einer an den Neuen Bund angeschlossen, zum Glied an Christi Leib? Durch die Taufe. »In einem Geiste sind wir alle zu einem Leibe getauft worden« (1 Kor 12,13). Genährt wird das Glied durch die Eucharistie: »Weil es ein Brot ist, so sind wir viele ein Leib, denn alle haben wir teil an einem Brot« (1 Kor 10,17). Weil dieser Leib die »Neue Schöpfung« ist, das innerste Prinzip der neu belebten Natur, deshalb werden Eingliederung in ihn und Stärkung durch ihn ganz physisch-realistisch verstanden, allerdings »im Geiste«, das heißt im Kontext des Neuen Äons, des angebrochenen Reiches Gottes, welches zwar *ins* Fleisch hineinwirkt, aber nicht *nach* dem Fleische; welt-lich-naturhaft ist es nicht festzustellen, sondern allein im Medium des erleuchteten Glaubens. Innere Kreise der späteren Kirche werden die Lehre der »geistlichen Sinne« reich entfalten.

a) *Das kausale Mißverständnis*. Verständlich aber, daß auch das grob-äußerliche kausale Wunschdenken naheliegt. Ein Zeitgeist, der noch nicht von Sachzwängen verhext war, sondern sich allseits von bösen und guten Geistern umgeben wußte, hielt die Kontexte bald nicht mehr auseinander. Was im Geiste dem Glauben einen guten Sinn gab, wurde nun fleischlich-pseudowissenschaftlich aufgefaßt; aus geglaubten Zeichen des leiblichen Heiles wurden abergläubische Praktiken kausal deutender Magie.

Die Gemeinde in Korinth erwartet (wie Paulus selbst) das Weltende durchaus buchstäblich und versucht, ihre zu früh verstorbenen Lieben durch stellvertretende Taufe für die Toten (1 Kor 15,29) noch für das Reich zu retten. Christus ist des Heils Ursache, muß mithin ursächlich auf die Menschen wirken, sonst haben sie an ihm nicht teil; ähnlich wie meine Lampe nur leuchtet, wenn der Stecker in der Steckdose ist. In der Liturgie des Hippolyt ist vorgeschrieben, daß die Frauen bei der Taufe sogar die Haarknoten lösen müssen, damit nicht etwa ein darin versteckter Dämon mit ins Taufbecken steige und die Wirkung gefährde.[31] Epiphanius erzählt von der Heilung eines Geisteskranken durch Besprengung mit Taufwasser (431).

Das sind extreme Konsequenzen, die sich aber logisch aus der »physischen Erlösungslehre« (M. Werner 445) herleiten, wie sie etwa im Jahr 256 beim Konzil von Karthago ein Bischof knapp zusammenfaßt: »Dies ist der Geist, der von Anfang an über dem Wasser schwebte. Denn weder kann der Geist ohne Wasser, getrennt, wirken noch das Wasser ohne den Geist« (441). Unvermerkt wird der Geist aus dem anderen *Zusammenhang* des Neuen Äons, der das weltlich-kausale Denken aufhebt, zu einem bloß anderen *Faktor* innerhalb eben dieses kausal deutenden Denkens. Wie schwer hat der so ausgelegte Satz Christi im kirchlich überlieferten Johannesevangelium auf vielen Gemütern gelastet: »Wenn jemand nicht geboren wird aus Wasser und Geist, kann er nicht ins Reich Gottes eingehen.« Augustinus verweist erschreckend unerschrocken die ungetauften Kinder in die Hölle: »Da sich bei der Kindertaufe nichts anderes vollzieht, als daß sie der Kirche einverkörpert, d. h. Christi Leib und seinen Gliedern hinzugesellt werden, so ergibt sich als offenkundige Folgerung: Außer wenn ihnen dies mitgeteilt wird, gehören sie der Verdammnis an.«[32] Für

31 *Martin Werner*, Die Entstehung des christlichen Dogmas, Bern/Tübingen 1954², 430. Auf dieses Buch verweisen im folgenden alle eingeklammerten Zahlen.
32 De pecc. mer. et rem. III 4 7 (PL 44,189).

Paulus hingegen (1 Kor 7,14) waren die Kinder mit-heilig, wenn auch nur ein Elternteil Christ war!

Wohin das Kausaldenken beim Verständnis der Eucharistie führen kann, sah man vor Jahrzehnten im französischen Film »Der Abtrünnige«. Ein Expriester konsekriert – unerlaubt, aber gültig – einen Bäckerladen voll Brot zum Altarssakrament (»Hokuspokus« ist eine altgrobdeutsche Verschleifung der Wandlungsworte). Der Bischof muß einen Lastwagen schicken, und ein ganzes Nonnenkloster hat wochenlang damit zu tun, die heilige Speise aufzuessen. In der alten Kirche hieß sie Arznei der Unsterblichkeit und Gegengift gegen den Tod. Geistlich verstanden, sind das treffende Namen; von abergläubischen Massen begehrt, von herrschaftsbewußten Priestern ausgeteilt oder – bei der Exkommunikation – streng verweigert, wird die heilige Seelenspeise zur Droge. Statt daß sie dem Neuen Menschen seine Zugehörigkeit zu Christi Leib verbürgt, verhärtet sie das alte Ich in seiner Ego-Frechheit. *Ich* habe meinen Taufschein und heuer auch schon mein Kommunionbildchen, was kann *mir* passieren? »Wehe euch, ihr Heuchler«, rief Jesus den damals so Denkenden zu. Sie waren Abrahamskinder, hatten Gesetz und Tempel, doch bezogen sie das alles auf sich, begriffen es als einsehbare Funktion ihres eigenen nichtigen Standpunkts, brauchten es nicht als Hilfe dazu, sich selbst auf den immer größeren Gott hin loszulassen. »Der Geist ist es, der lebendig macht, das Fleisch nützt nichts«, auch nicht Jesu in der Eucharistie real präsentes Fleisch.

b) *Der Widerspruch des Symbolismus.* Tolerante Hindus lassen Jesus als einen von vielen avataras gelten, Erscheinungsweisen Gottes in Menschengestalt. Ein Ungläubiger klagt »das Konzil der Buchhalter« an, es habe den symbolischen Reichtum der katholischen Tradition verschleudert. Menschen mit Sinn für tiefere Bedeutung schätzen das kirchliche Gnadensystem hoch, nehmen es freilich nicht so kausal wörtlich wie viele Kirchenleute. Weil das Eigentliche sich nicht exakt sagen läßt, deshalb schreiben sie – wie anderen helfenden Mythen – auch dem christlichen Sinnschatz seelischen Wert zu: Symbolisch verstanden, stimme er.

Was heißt »Symbol«? Das griechische Wort bedeutet »zusammengeworfen«. Ein Ring wird zerbrochen, beide Hälften gehen getrennte Wege; zusammengetan beweisen sie eine Verbundenheit ihrer Besitzer. Ähnlich wird von einem Symbol des Ganzen die zersplitterte Wirklichkeit in bestimmter Perspektive geeint, zu einheitlichem Sinn versammelt. Somit ist *jeder* Ausdruck einer vernünftigen Weltsicht symbolisch, anders als in Symbolen läßt das Ganze sich nicht darstellen. Eines solcher Symbole, neben anderen gültigen, sei auch das christliche. Das gesteht man den Christen zu und wundert sich, daß sie damit nicht zufrieden sind. Dem Papst Pius X. reichte nicht einmal das Zugeständnis mancher Modernisten, »die katholische Religion als die lebendigere habe *mehr* an Wahrheit« (D 2082). Nein, sie will durchaus die einzige Wahrheit sein. Das aber kann man ihr nicht einräumen, sondern im Grunde sind alle symbolischen Wahrheiten gültig, jedes Symbol bewirkt auf seine besondere Weise die heilende Einstimmung des Gemütes ins Ganze.

c) *Der Widerspruch der Illusionskritik*. Gegen die kirchliche Arroganz wie auch gegen pathetische Symbolik wendet sich der Protest der skeptischen Kritiker. Jegliches allumfassende Sinnsystem ist vom Übel, bewirkt nur ein Besäufnis des Geistes mit anschließendem Kater. Lassen wir die großen Worte von Ewigkeit, Walhall, Nirwana etc. – auf seiner überschaubaren Erde hat der Mensch genug zu tun. »Was soll ihm die Vorspiegelung eines Großgrundbesitzes auf dem Mond, von dessen Ertrag doch noch nie jemand etwas gesehen hat? Als ehrlicher Kleinbauer auf dieser Erde wird er seine Scholle zu bearbeiten wissen, so daß sie ihn nährt. Dadurch, daß er seine Erwartungen vom Jenseits abzieht und alle freigewordenen Kräfte auf das irdische Leben konzentriert, wird er wahrscheinlich erreichen können, daß das Leben für alle erträglich wird und die Kultur keinen mehr erdrückt. Dann wird er ohne Bedauern mit einem unserer Unglaubensgenossen sagen dürfen: Den Himmel überlassen wir den Engeln und den Spatzen.«[33]

Weder ein *bestimmter* Ritus bewirkt das Heil noch *jedes* Symbol, vielmehr ist schon das Verlangen nach dem sogenannten Heil eine Art Gehirnblähung. Laßt uns, damit der Ballon nicht platzt, ihm durch ironische Nadelstiche Erleichterung schaffen. Das einzige dem Menschen zuträgliche Heil wird dadurch bewirkt, daß er den Anspruch auf absolutes Heil als größenwahnsinnige Illusion durchschaut und sich freut, wenn er von den begrenzten Erwartungen eines endlichen Wesens doch vielleicht einige in etwa erfüllt sieht.

Zusammenschau. Das gesellschaftliche Gottesbild, das uns in diese Rätsel geführt hat, kann sie nicht lösen. Solange der Sinn des Ganzen als diesem äußerlich gilt, so lange muß er von außen hineinwirken, sonst erreicht er uns nicht. Ob er dann überall wirkt, nur hier

33 *Sigmund Freud*, Die Zukunft einer Illusion, IX Schluß.

oder nirgends: jede dieser Antworten auf eine falsche Frage ist zweideutig und unzureichend.

Anders, sobald wir einsehen, daß Gott unser Heil von innen wirkt. Sogleich verschwindet die Frage, *wie* denn, auf welche kausale Weise, hier gewirkt wird. Natürlich wird jedes einzelne Glied, einfach weil es zum Ganzen gehört, von dessen selbstbewußtem Lebensprinzip als zugehörig anerkannt. Es selbst – nicht seine krebsige Entartung. Der skeptische Kritiker hat recht: Es braucht dazu keine großen Worte noch aufwendigen Veranstaltungen. Mein kleiner Zeh muß nichts weiter sein als eben kleiner Zeh, als solcher gehört er dazu, auch wenn er (das heißt: ich während meiner Konzentration auf ihn) vom großen Ganzen nichts weiß außer sich selbst. – Nicht minder haben die Symbolfreunde recht: Jede Weise, wie dieser Zeh seine Situation erfährt, ob warm oder kalt, ob rauh, glatt oder spitz, ist ja – weil seine, zugleich – auch meine, bedeutet wahrhaft eine Wirklichkeit des Ganzen, zu dem der Zeh gehört.

Endlich kommt auch das, was die Christen mit ihrer kausalen Heilswirkung meinen, erst dank dieser inneren Auffassung zu seiner Wahrheit: Solange der Zeh nur schlicht da ist und allerhand erlebt, ist er bloß an sich meine Wirklichkeit. Erst wenn er (das heißt wieder: ich, sofern ich mich auf ihn konzentriere) ausdrücklich dem Wort »ich« begegnet und so seine Identität mit mir je hier und jetzt zeichenhaft und reflex vollzieht, erst dann ist er auch für sich meine Wirklichkeit und kann sich nicht mehr nur seiner geringen, sondern meiner totalen Selbstfülle freuen. »Keiner kommt zum Vater außer durch mich« (Joh 14,6). Nur durch Unterscheidung von und Identifizierung mit dem Wort »ich« in endlicher Gestalt kommt ein Glied zum Erlebnis meiner als seines eigentlichen Seins. Der Schritt vom bloßen Ansich zum selbstbewußten An- und Fürsich, diese *intentionale* Wirkung des Ich-Wortes auf das Gliedbewußtsein ist der wahre Sinn dessen, was das verbreitete Verständnis des kirchlichen Dogmas als physisch-kausale Wirkung beschreibt.

Es erhellt, daß solches Heil unüberbietbar, eschatologisch ist: Mehr als daß er ganz und gar mein, ja sogar ich selber sei, kann ich, das lebendige Ganze, von meinem Zeh nicht sagen; vielmehr ich könnte es nicht, wenn ich *das* Ganze wäre. Freilich bin ich nur *ein* Ganzes neben anderen, so daß mein Zeh sich noch anderes wünschen kann als mein zu sein, etwa deinen Kuß. In diesem Punkt hinkt das Gleichnis. Beim Ganzen überhaupt aber, dessen Ichwort als Jesus uns erschienen und in Christus mit uns verschmolzen ist, läßt sich kein volleres Heil als diese ausdrückliche Identität denken, nur ihre stets deutlichere Erfassung und lebenspraktische Anerkennung hier sowie leuchtende Klarheit DANN.

Was kann der Christ jenen Anhängern verschiedener »New-Age«-Heilslehren antworten, welche die tiefe Lebensenergie nicht von Christus, sondern von allerlei Meditationstechniken erwarten? Ihre Anpreisungen lesen sich verheißungsvoll: »Ayurvedische Pulsdiagnose, Planetare Transformation, Rhythmusarchetypen, die sieben heiligen Verrichtungen der inneren Alchemie, Rebirthing-Seminar, Tarot als Schule der Einweihung, Öffnung der sechs Energiekanäle, die geheime Eisenhemdmethode, Edelsteintherapie.«[34] Von östlichen Weisheiten schwirrte auch die Atmosphäre zur Zeit des Urchristentums; damals hat es sich ihnen überlegen gezeigt – mit kaiserlicher Hilfe. Die wollen wir heute nicht mehr. Wie sollen wir uns zu ihnen stellen? Mit welchem Recht, dies scheint mir der Kern des Problems, bekennen wir Christi auferstandenen Leib als *das* neue Lebensprinzip des Kosmos, obwohl tiefes geistliches Leben sich längst vor Christus vollzog und außerhalb der Christenheit oft intensiver wirkt als in ihr? Die Antwort liegt im »Geheimnis des Ja«. Ähnlich wie bei einer Liebesgeschichte das wechselseitige Ja der beiden schon im ersten Blick beginnt und in vielen erfüllten Momenten *vor* dem ausdrücklichen Ja am Traualtar sich verwirklicht sowie später bei mancherlei Gelegenheiten *außerhalb* der Ehe-Beziehung (wenn beide etwa zugleich Kollegen sind): so ähnlich wirkt das göttliche Ja zur Schöpfung seit deren Anfang und überall; gleichwohl geschah es allein in Jesus Christus, daß des Ganzen ausdrückliches »Ja Wirklichkeit geworden ist« (2 Kor 1,19). Leider kennen die meisten Christen diese Bibelstelle nicht; vermutlich deshalb, weil die Theologie noch von ihrer mittelalterlichen Herkunft geprägt ist – auf lateinisch läßt der Begriff »das Ja« sich aber nicht einmal denken, dort heißt es einfach: sic.

Die entscheidende Frage, *ob* das Ganze gut und sinnvoll sei, hat sich in der Fülle der Zeit machtvoll bejaht. Wie unsere Unterschrift, so bedeutet Christus als die göttliche Unterschrift beides: *Ja. Ich.* Ja, ich selbst bin euer Heil. Von diesem Ja-Ich haben wir Christen zu künden, gelegen oder ungelegen, in allen Jahrhunderten seither und auch fernerhin im Wassermannzeitalter und der Postmoderne.

Wie das Ja sich aber hier und jetzt voller, ganzheitlicher, tiefer le-

34 Alle diese Methoden (und viele andere) finden sich in Nr. 86/1 der Zeitschrift »Wege. Zur Synthese von Natur und Mensch«.

ben lasse: da hole jeder sich Hilfe, wo er sie findet. Die folgenden Sätze zum Thema »christliches Zen« sind ebenso anstößig wie dogmatisch einwandfrei: »Gemäß dem christlichen Glauben ist Jesus von Anfang an der heile Mensch schlechthin. Daraus folgt aber: Jesus ist nie ein heiler Mensch geworden. Also können wir zwar an ihm sehen, wie ein heiler Mensch lebt, nicht aber von ihm lernen, wie man ein heiler Mensch wird.«[35] Freilich – denken wir an die Begegnung mit der kanaanäischen Frau – können wir von ihm lernen, wie ein innerlich heiler Mensch auch gegen seine Vorurteile das Gute durchsetzt.

Auch alle anderen Weltanschauungen beschreiben – im Maße ihrer Verantwortlichkeit – gültige Selbstvollzüge des göttlichen Lebens in der Menschheit, so wie ich ja auch in meinen Fingern und Zehen (das heißt als sie) allerhand erlebe, wirklich ich, ohne daß diese Erlebnisse mir *ausdrücklich als meine* bewußt würden. Die Selbstgewißheit ihrer Identität mit dem Ich des Ganzen erreicht die Menschheit erst und endgültig im Christusereignis. Bestimmt haben vor- und außerchristliche Mystiker sie packender erlebt als die Mehrzahl der Christen, doch eben auf mystische, wortlose Weise, nicht als Boten des geschichtlich begegnenden ICH, dessen wasserklare Botschaft auch die Armen im Geiste, die letzten Menschen erreichen kann – oder könnte, würde sie nicht von Bütteln des Fürsten dieser Welt so greulich verfälscht.

5. Wem geschieht das Heil? (Das Prinzip »repräsentativ«)

Die christliche Erfahrung. »Gepriesen sei Gott, der Vater unseres Herrn Jesus Christus, der uns in Christus mit allem geistlichen, himmlischen Segen gesegnet hat: In ihm hat er uns erwählt vor Anbeginn der Welt; heilig und tadellos sollten wir vor seinem Angesicht sein. In seiner Liebe hat er im voraus beschlossen, uns durch Jesus Christus als seine Söhne anzunehmen. So hat es seinem Willen gefallen; so ist es zum Preise seiner herrlichen Gnade geschehen, die er uns durch seinen geliebten Sohn geschenkt hat. In ihm haben wir die Erlösung durch den Einsatz seines Lebens, die Vergebung der Sünden. Überreich ist seine Gnade, mit der er uns überschüttet hat. In aller Weisheit und Einsicht hat er uns das Geheimnis seines Willens mitgeteilt. So wollte

35 *J. Kuhlmann*, Renn-Maus und Zen-Katze, in: Christ in der Gegenwart, 1980, 349.

es sein Heilsratschluß, den er durch ihn vollstrecken lassen wollte, um den Lauf der Zeiten so auf ihre Erfüllung hin zu ordnen, daß alles im Himmel wie auf Erden in Christus einheitlich zusammengefaßt werde. Durch ihn wurden wir auch zu seinen Erben berufen. Er, der alles nach dem Ratschluß seines Willen wirkt, hat es so für uns vorherbestimmt: Zum Preise seiner Herrlichkeit sollten wir von vornherein unsere Hoffnung auf Christus setzen. Durch ihn seid auch ihr, die ihr die Verkündigung der Wahrheit, die Botschaft von eurem Heil gehört habt und zum Glauben an ihn gekommen seid, durch den verheißenen Heiligen Geist wie mit einem Siegel gezeichnet worden. Der ist das Angeld auf unser Erbteil, das wir durch die Erlösung erlangen werden, zum Preise seiner Herrlichkeit« (Eph 1, 3–14).

a) *Das exklusive Mißverständnis*. Uns erschließt sich im Glauben an Christus das Heil, die anderen glauben nicht an Christus, also hat sich ihnen das Heil nicht erschlossen, also leben sie im Unheil. Leider hat die Kirche diesen Schluß gezogen und so in Christi Namen Jesu Absicht verraten. Er hatte die Armen im Geiste seliggepriesen – sie wußte sich selbst geistlich reich und die anderen auf dem Weg zur Hölle. Er hatte mit Zöllnern und Sündern geschmaust – sie versteht sich vielfach als Kerngemeinde und verachtet die Abständigen. Er hatte den ichmutigen jüngeren Sohn mit dem Vater feiern lassen, während der brave Ältere draußen im Finstern steht – sie hält es mit den marklos Selbstentfremdeten und macht jedem freien Geist das Leben schwer.

Im Jahre 1442 zitiert das Konzil von Florenz einen Text des heiligen Fulgentius vom Anfang des 6. Jahrhunderts. Die hochheilige römische Kirche glaubt fest, bekennt und predigt: »Keiner, der nicht innerhalb der katholischen Kirche ist – nicht nur Heiden, sondern auch Juden, Häretiker oder Schismatiker –, kann des ewigen Lebens teilhaft werden, sondern ins ewige Feuer werden sie gehen, das dem Teufel und seinen Engeln bereitet ist, wenn sie nicht vor dem Ende des Lebens ihr eingegliedert werden. Und soviel gilt die Einheit des kirchlichen Leibes, daß nur denen, die in ihr bleiben, die kirchlichen Sakramente zum Heile nützen, sowie Fasten, Almosen und die übrigen frommen Werke ...« (DS 1351) – Stimme einer imperialen Sekte, nicht der allgemeinen Mutter. Zum Glück handelt es sich nicht um eine unfehlbare Definition, sondern schlicht um das apparatliche Nachplappern einer höchst fehlbaren alten Übertreibung.

b) *Der eine Widerspruch: Universales Heil*. Gott ist die allmächtige Liebe, also gebe es keine Hölle. Auch dies ist ein in sich logischer

Wissens-Standpunkt, aber falsch. Ohne Freiheit wären wir bloß tote Automaten; an der noch so vollkommenen Maschine hätte Gott aber keine Lust.[36] Endliche Freiheit ist – wir wissen es – auch zum Bösen fähig, das Böse trägt seine Strafe in sich, auch im Licht der Ewigkeit. Gegen den Mißbrauch der Freiheit kämpft die Botschaft von der möglichen Hölle. Also ist die Behauptung, man wisse das Heil als universal, auf jeden Fall irrig.

Wahr ist dagegen: »Gott will, daß alle Menschen gerettet werden und zur Erkenntnis der Wahrheit kommen« (1 Tim 2,4). Nicht allein uns Christen ist das Heil angeboten, sondern von Anbeginn der Menschheit bis zu ihrem Ende allen, die sich vom Liebesschwung des Ganzen aus ihrer sündigen Absonderung lösen lassen. Über Gute und Böse läßt Gott seine Sonne scheinen und regnen über Gerechte wie Ungerechte. Ob aber die Sonne uns wärmt oder dörrt, ob der Regen uns tränkt oder ersäuft, das entscheidet sich jeweils im Geheimnis unserer Freiheit.

c) *Der andere Widerspruch: Überall Unheil.* Wenn sogar das angebliche Erscheinen der ewigen Liebe in Person zu keinem anderen Ergebnis führt als zum christlichen Erwählungsegoismus und Bekehrungsimperialismus: dann gibt es so etwas wie Heil überhaupt nicht. Einem Mann wie Augustinus, *dem* Lehrer der Westkirche, verdanken wir den Begriff »massa damnata«: »Die gesamte Masse ist der Strafen schuldig; und würde bei allen die geschuldete Hinrichtung – die Verdammnis – ausgeführt, so wäre diese Ausführung zweifellos nicht unrecht ... Wer ist deshalb so wahnsinnig verrückt, daß er nicht sprachlos dem Erbarmen dessen dankt, der die er will erlöst, wo man doch auf keine Weise seine Gerechtigkeit beschuldigen dürfte, wollte er überhaupt alle verdammen?«[37]

Das ist Droh-, nicht Frohbotschaft; religiöse Selbstentfremdung,

36 »Gott ist nicht ein Gott der Toten, sondern der Lebendigen. Es ist nicht einzusehen, wie das allervollkommenste Wesen auch an der möglich vollkommensten Maschine seine Lust fände. Wie man auch die Art der Folge der Wesen aus Gott sich denken möge, nie kann sie eine mechanische sein, kein bloßes Bewirken oder Hinstellen, wobei das Bewirkte nichts für sich selbst ist; ebensowenig Emanation, wobei das Ausfließende dasselbe bliebe mit dem, wovon es ausgeflossen, also nichts Eignes, Selbständiges. Die Folge der Dinge aus Gott ist eine Selbstoffenbarung Gottes. Gott aber kann nur sich offenbar werden in dem, was ihm ähnlich ist, in freien aus sich selbst handelnden Wesen; für deren Sein es keinen Grund gibt als Gott, die aber sind, so wie Gott ist. Er spricht, und sie sind da. Wären alle Weltwesen auch nur Gedanken des göttlichen Gemütes, so müßten sie schon eben darum lebendig sein« (*F. W. J. Schelling*, Über das Wesen der menschlichen Freiheit, SW VII, 346f.).

37 De nat.et grat. 5 (PL 44,250).

nicht christliches Heil; Schreibtischtäterei, nicht Seelsorge. Wäre Gott tatsächlich ein solch launischer Sadist, dann gäbe es auch für die von ihm Erwählten keine Erlösung. Jeder Zynismus der abendländischen Welteroberer, alles Reden und anschließende Liquidieren von Untermenschen findet in diesem teuflischen Gottesbild seine Rechtfertigung. Wenn es nicht ungöttlich ist, die Mehrheit der Menschen zu verdammen, dann ist es auch nicht unmenschlich, die Mehrheit der Indios zu vernichten, die Indianer wie ihre Büffel abzuknallen, die Mehrheit der Juden auszumerzen. Wie sein Gott, so der Mensch. Nicht nur Deutschland und Europa, auch die Kirche hat eine Vergangenheit zu bewältigen.

Zusammenschau. Die Urchristen wußten sich als auserwählt: »Selig die Augen, die sehen, was ihr seht.« Doch verstanden die Besten ihr Auserwähltsein nicht als zu hütendes Privileg, vielmehr als den Auftrag, alle daran teilhaftig zu machen. Unermüdlich ist Paulus auf Reisen, unter tausend Strapazen, um seine Botschaft auszurichten: »Zusammengeschlossen hat Gott alle in den Ungehorsam, *um sich aller zu erbarmen*« (Röm 11,32). Ziel der Geschichte ist, »daß Gott sei Alles in allen« (1 Kor 15,28).

Nein, nicht allein die Lampe ist im Hellen, sondern »alles Fleisch wird schauen Gottes Heil« (Jes 40,5; Lk 3,6). Denn das Heil ist eine transzendentale, jedem bestimmten Vollzug vorgegebene Grundstruktur; bewußt wird sie uns aber nie rein als solche, sondern stets in bestimmter Gestalt; ihren endgültigen, für die Menschheit verbindlichen Ausdruck hat sie im Christusereignis gefunden. Sein Fanfarenstoß durchschneidet die wabernde Zweideutigkeit. Zwar kann ich träumen, ich sei wach – jetzt aber bin ich wach und weiß es. So kann der Mensch zwar der Meinung sein, er sei zur Gewißheit des Ganzen durchgestoßen, der Christ aber *weiß*, daß seine Gewißheit das Ganze betrifft, endgültig und unüberbietbar. Die Jubelhymnen des Neuen Testamentes sind berechtigt. Ich weiß, wem ich vertraue. Die Nacht ist vorüber, der Tag ist da. Wir waren blind, und siehe wir sehen. Was wir aber sehen, ist »Dein Heil, das Du bereitet hast vor allen Völkern, als Licht zur Offenbarung für die Völker und zur Verherrlichung Deines Volkes Israel« (Lk 2,31).

Mögen die anderen noch so blind sein, wie wir waren: daraus, daß sie nicht in unserer Klarheit leben, folgt nicht, daß sie im Unheil sind. Geschichtliche Ausdrücklichkeit ist eine wichtige Heilsdimension, aber nicht die einzige, nicht einmal die entscheidende. »Ich habe noch andere Schafe, die nicht aus diesem Stall sind.« Verwechseln wir nicht unseren Stallgeruch mit dem göttlichen Duft. Überall und immer gilt jene transzendentale Heilsstruktur, die freilich nur uns – Lob sei Gott – so überwältigend sich erschlossen hat. Sie *leben* aber mag der irrgläubige Samariter echter als der von seiner Rechtgläubigkeit (oder seinem Durchblick) Geschwellte. »Viele werden an jenem Tage zu mir sagen: Herr Herr, haben wir nicht in Deinem Namen durchblikkend geredet, in Deinem Namen Teufel ausgetrieben und in Deinem Namen viele Machttaten vollbracht? Und dann sage ich ihnen ins Gesicht: Ich habe euch niemals gekannt. Fort von mir, die ihr das Böse tut!« (Mt 7,22f).

Das Bild jenes Herrn, der mit unbestreitbarem Herrenrecht aus freier Gunst die einen erwählt, während er die anderen verwirft – dieses Gottesbild fällt um den entscheidenden Schritt hinter das Neue zurück, das Jesus gebracht hat: »Ich nenne euch nicht mehr Knechte, sondern Freunde.« Wenn wirklich das Herz des Alls so *menschlich* fühlt, dann braucht kein *Mensch* zu fürchten, er sei rettungslos im Unheil – gleich, ob er Jesus kennt oder nicht.

Denn meiner Freunde Freunde sind auch meine Freunde. Jeder Mensch auf dieser Erde, ausnahmslos jeder, hängt über kürzere oder längere Liebesketten mit Jesus zusammen. Jeder der Menschen, denen ich meinen Glauben an Christus verdanke, verdankt den seinen wieder anderen Menschen, und so reicht die Kette zurück bis zur ersten Jüngerschar um Jesus. Von mir aus reicht sie weiter zu allen Menschen, mit denen ich bisher Umgang hatte, gläubig oder nicht, edler oder minder edel, es war aber keiner dabei, dem ich die Hölle wünsche. Und wäre einer darunter, gerade dann müßte ich mich Jesu erinnern, wie er für seine Schinder betet. Von all diesen Menschen aber gehen die Ketten zurück zu ihren Vorfahren, bis zum Anbeginn der Tage. Mit dem Himmelreich ist es wie mit einem Netz. Ein einziges gewaltiges Netz aus Solidaritätsfäden ist die Menschheit; jeder Knoten ist mit allen anderen verknüpft, auch mit dem einen, der von sich sagt: siehe ich bin in eurer Mitte wie der Diener. Ja, »Heil« heißt uns heute (eben weil die christliche Erfahrung sich ausgewirkt hat) unverbrüchliche Solidarität. Nicht nur sitzen wir alle in einem Boot, wir wollen es auch. Allein in der Arche zu treiben, während ringsum alles ertrinkt, *solche* Erwählung würden wir als widerliches Privileg zurückweisen. Simone Weil, eine der lichtesten Gestalten unseres Jahrhunderts, hat sich nicht taufen lassen.

Was antworte ich, so universal hoffend, auf den Protest Kierkegaards? »Alsdann ist der Weg zum Leben nicht schmal und die Pforte nicht eng, auch sind es nicht bloß wenige, die ihn finden; nein, alsdann ist der Weg breit und die Pforte weit offen – die Pforten der Hölle haben Übergewalt bekommen, und viele, ja alle, finden Eingang. Christus hat niemals siegen wollen in dieser Welt; er ist in die Welt gekommen, um zu leiden, *dies* hieß er siegen. Jedoch wenn die Ungeduld und freche Zudringlichkeit der Menschen, die dem Christentum ihre Gedanken und Vorstellungen aufladen, statt daß sie ihre Gedanken und Vorstellungen vom Christentum umbilden lassen: wenn diese Art Oberhand gewonnen hat, so wird nach alter menschlicher Weise das Siegen zum Siegen in dieser Welt, und so ist das Christentum abgeschafft.«[38] – Ich antworte: Wohl sind es wenige, die den schmalen Weg zum Leben finden; nicht aber weil ein himmlisches Dekret die Mehrheit ausschließt. Sondern Jesus hat einfach eine Tatsache beobachtet: wie sehr die Selbstsucht in uns herrscht. Weil die meisten von uns tief im Egoismus hängen, der am Reich Gottes keinen Anteil hat, deshalb ist die Zahl der wahrhaft Erlösten so bestürzend gering. Der Leib Christi ist allerdings nicht insgesamt so gesund wie sein schon verherrlichtes Haupt, die meisten seiner Glieder sind gebrochen, lahm, blaß und schwach. Niemand aber ist durch einen finsteren göttlichen Ratschluß von ihm ausgeschlossen.

Wird Gott nicht gleich als unser Herr verstanden, sondern zutiefst als unser Ich (und *folglich* dann *auch* als unser Herr), dann löst das Ärgernis sich auf. Alle meine Glieder, gesunde wie kranke (doch nicht ihre Krankheit!) liebe ich und schätze sie hoch, nicht nur den Daumen, in dem ich mich ausdrücklich als ich weiß, sondern auch die unbekannte Darmzelle, in der ich dem Ichwort nie begegne und die trotzdem zu mir gehört. Ich in mir weiß, daß sie mein ist, auch wenn ich es in ihr nicht weiß. Das genügt. Und Aufgabe des Daumens – die er eben ja auch erfüllt – ist es, dieses allgemeine Ich-Heil *aller* meiner Zellen zu preisen, nicht nur sein eigenes. So ist der sich als Ich-Glied wissende Christ *Repräsentant*, Stellvertreter all derer, die ebenfalls zum Ich gehören, dies aber nicht durch Teilhabe an der Offenbarung wissen. Christ erkenne deine Würde: die darin besteht, daß in dir allein die Menschheit ihre absolute Würde, auch die der Nichtchristen, deutlich erkennt. Der Fortschritt von der Sklaverei zur AOK verdankt sich diesem Offenbarungsschritt. Bedenken wir: »Menschenwürde« ist kein Begriff der Wissenschaft.

38 Einübung im Christentum, Düsseldorf/Köln 1955, 215.

6. Die Frage der Autorität

Wie jede Gruppe, lebt auch die christliche Heilsgemeinde in bestimmten Autoritätsstrukturen. Es muß klar sein, wer das Sagen hat. Jesu erste Jünger konnten nicht zweifeln: »Ihr nennt mich Meister und Herr, und ihr habt recht, denn ich bin es« (Joh 13,13). Hat der historische Jesus solches gesagt? Schwer vorstellbar. Nicht sich hatte er im Blick, sondern Gott und sein Reich. Davon aber »sprach er wie einer, der Macht hat, nicht wie ihre Schriftgelehrten« (Mt 7,29). Eine unglaubliche Autorität muß Jesus ausgestrahlt haben, gerade weil er nicht wie ein Bonze auftrat, sondern als Diener aller. Von der ersten Generation bis heute nennen wir Christen ihn »Herr«. Die Grunderfahrung einer geistlichen, nicht-autoritären Herrschaft im Namen des Ganzen, für das der Herr sich opfert, steht am Anfang.

Solange die Urchristen damit rechneten, das Reich Gottes werde bald in sichtbarer Fülle hereinbrechen, lag auf den Fragen der Kirchen- und öffentlichen Ordnung nur geringes Interesse. Die Gestalt dieser Welt war sowieso am Vergehen, auf Strukturen kam es nicht mehr an. Erst als man einsehen mußte, daß die zeitliche Deutung des Reiches als Weltende ein Mißverständnis gewesen war (die Theologen sprechen vom Prozeß der Enteschatologisierung), gewann das Problem der kirchlichen Autorität an Gewicht. Zwei Denkarten, beide mit biblischen Wurzeln, boten sich an.

Die autoritäre Kirche. Die eine Linie geht aus von Worten Jesu wie »wer euch hört, hört mich; Petrus, weide meine Schafe«. Christus, der Herr der Kirche, gibt seine Autorität an die Apostel und deren Nachfolger weiter. Im Laufe der Zeit führte die Eigenwucht der gesellschaftlichen Mechanismen, stets neu aufgeladen von menschlicher Herrschsucht, immer wieder dazu, daß auch in der Kirche (gegen Jesu Verbot »bei euch nicht so!« – Mt 20,26) sehr weltlich geherrscht wurde. Und dieser allseits erlebte Herrschaftsstil wurde dann auch auf Christus und Gott projiziert, bis der bittere Satz eines großen Denkers unserer Tage leider stimmte: »Die Kirche gab Gott die Attribute, die ausschließlich dem Kaiser gehörten.«[39]

Kein Zufall, daß der Begriff »Hierarchie« seinen Wortsinn (heilige Herrschaft) verloren hat und heute sehr unheilige Organisationsstrukturen bedeutet, wo eine strenge Linie von oben nach unten führt. Ohne kirchliche Vermittlung wäre es kaum zu dieser stehenden

39 *Alfred N. Whitehead*, Process and Reality, 520/342.

Lüge gekommen. Sprachlich wird schon im Neuen Testament aus der heilsamen Autorität *des* Ganzen über die Einzelnen (»Ich bin der Weinstock, ihr seid die Reben«) die Herrschaft *eines* Obergliedes über die unteren: Christus heißt das Haupt des Leibes. Gemeint wird das Haupt natürlich als Sinnbild des einfachen Ganzen, des Ich. Den Begriff »das Ich« fand man damals noch nicht im Denkzeugkasten; die Vorstellung »Haupt« ließ aber aus sich keineswegs an die nicht-autoritäre Autorität des Ganzen denken, viel eher an die übliche autoritäre Herrschaft eines Einzelnen. Während ein Glied gegen das Ganze keinerlei gesunde Rivalität verspüren kann (höchstens den Wahn einer unmöglichen Sonderexistenz), ist Rivalität gegen jeglichen Herrn, der ein anderer mit eigenen Interessen ist, die allernormalste Reaktion. Was weiß der Kopf von dem Dreck, an dem Fuß und Hand leiden? So wird zwischen die Christen und ihr inneres Lebensprinzip Mißtrauen gesät; eine irreleitende Begrifflichkeit überwuchert bei den Vielen mehr und mehr das unentfremdete Autoritätsverständnis des gelebten Glaubens.

Während im Namen des heiligen Petrus ein Unbekannter vor der Mentalität von Pfründen-Herren warnt (1 Petr 5,3), schreibt einer seiner Nachfolger über den Leib Christi ähnlich wie jeder Oberherr über sein Imperium und dessen Funktionäre: »Die Bischöfe sind nicht nur als die *bedeutenderen Glieder* der ganzen Kirche anzusehen, die in einer ganz besonderen *Verbindung mit dem göttlichen Haupte* des ganzen Leibes stehen und somit zu Recht *erstrangige Glieder des Herrn* heißen, sondern sie weiden und regieren auch, in ihren eigenen Diözesen, als wahre Hirten im Namen Christi die ihnen zugewiesenen Herden. Freilich tun sie das nicht in völliger rechtlicher Selbständigkeit, sondern sind, wie es sich gebührt, der Autorität des römischen Bischofs unterstellt ... Deshalb sind sie vom Volk zu verehren; und mehr als von den Lenkern dieser Welt, auch den höchsten, gilt von den Bischöfen, die mit der Salbung des Heiligen Geistes ausgestattet sind, jener Ausspruch: ›Rührt nicht an meine Gesalbten‹ (nolite tangere Christos meos).«[40]

Die anarchische Gemeinde. Auch diese Linie geht von Jesusworten aus, etwa: »Laßt euch nicht mit ›Meister‹ anreden, denn euer Meister ist allein der Messias« (Mt 23,10). Entscheidend ist der lebendige Glaube einer Gruppe, Amtsträger haben keine Autorität über sie, höchstens Ordnungsaufgaben in ihr. Natürlich kann es der Anarchis-

40 *Pius XII.*, Enzyklika Mystici Corporis, AAS 35/1943, 211f. (DS 3804).

mus nicht zu mächtigen Organisationsgebilden bringen, die der Zeit trotzen; nur geringe Spuren solcher Gruppen haben sich erhalten. Einige gingen so weit, ihre Verfassung auch für Christus selbst gelten zu lassen und ihn (zwar als ihr Lebensprinzip, aber) nicht als Herrn anzuerkennen; nur so scheint es mir zu verstehen, wenn an zwei Stellen im Neuen Testament (2Petr 2,1; Jud 4) *Christen* vorgeworfen wird, daß sie »den Herrn verleugnen«. Bezeichnenderweise steht hier das griechische Wort »Despot«; daß sie gegen ein despotisches Christusbild waren, ehrt jene alten Ketzer. Wahrhaft ökumenische Gesinnung sollte nicht nur die heutigen Freikirchen umfassen, sondern sich auch nach rückwärts bis zu ihren radikalen Ahnen erstrecken.

Zusammenschau. Wie soll aber die rechte Kirchenordnung aussehen? Sie scheint nicht einmal denkbar. Und doch ist bei Gott kein Ding unmöglich. Freilich gilt es zu unterscheiden. Im alten Äon gibt es keine voll befriedigende Lösung. Sobald der Verstand die Ordnung einer Gemeinschaft zu seinem Thema macht, muß er sich auf irgendein in sich schlüssiges Muster festlegen: Die Prinzipien Monarchie, Oligarchie, Demokratie und Anarchismus können sich auf mannigfache Weisen ineinander verschränken; immer wird jedoch eines das bestimmende sein.

Sofern die Kirche das durch die Zeiten pilgernde Gottesvolk ist, braucht sie eine *bestimmte* Verfassung. Kein Volk ohne geltendes Recht, das sich notfalls auch mit Gewalt durchsetzt. Sogar in der evangelischen Kirche, die sich der kühnen Revolution eines jungen Mönchs gegen das waffenstarrende Papsttum verdankt, sogar in ihr zittert mancher Pfarrer, wenn er ein Schreiben seiner kirchlichen Oberbehörde öffnet. Ohne Apparat funktioniert auf dieser Welt nichts, als Verstandesschöpfung kann aber kein Apparat dem Leben ganz gerecht werden, jeder schneidet irgendwann Gutes ab, auch im Kirchensystem. Nie vergesse ich ein Gespräch, das ich nach wenigen Monaten im Priesterseminar geführt habe. »Hochsinnig« eingetreten, glaubte ich mich allen Intrigen der bösen Welt entkommen und war furchtbar schockiert, auch dort Parteiungen, Argwohn, ja Niedertracht zu finden. Entsetzt klage ich dem Spiritual mein Leid. Der, ein vielerfahrener gütiger Jesuit, schaut mich groß an: »Sagen Sie mal, wer hat denn Jesus ans Kreuz gebracht?« – »Die Hohenpriester und Schriftgelehrten.« – »Ja. Die religiösen Autoritäten. Und so muß es immer bleiben.«

Sofern die Kirche das pilgernde *Volk* Gottes ist, kann sie sich vom alten Äon nicht gänzlich losmachen. Was sich »das neue Israel«

nennt, ist nicht besser als das alte, an dem seine Propheten allerhand zu beklagen fanden. Als schon auferstandener *Leib* Christi hat die Kirche ein einziges, der glaubenden Vernunft auch einleuchtendes Grundgesetz; der Verstand allerdings kommt mit ihm nicht zurecht, empfindet es als unpraktikables Paradox. »Seid einander untertan in der Furcht Christi« (Eph 5,21). Die anschließende Konkretisierung dürfen wir für zeitgebunden erachten, das Prinzip selbst gilt immer. Rechtsschöpferisch soll es wirken, nicht aber taugt es als Rechtssatz eines Apparats. Wo aber im Volk Gottes Glaubende dieses Prinzip anwenden, da ereignet sich mitten in der alten Welt die neue, aus dem tödlichen Konflikt widerstreitender Interessen ersteht der ewig lebende Leib Christi, der freilich – wie jeder Leib – ebenfalls obere und untere, linke und rechte Glieder hat, nicht widereinander jedoch, sondern miteinander und in einem einzigen Ich vereint.

Die Autorität des Ganzen muß konkret spürbar sein, doch ist sie nicht (wie bei jedem verständig konstruierten Apparat) einseitig im Vorgesetzten verleiblicht, vielmehr in dessen *Spannung* zu den Einzelnen und ihren Gruppen. Aufgabe des Leiters ist es, der eine Pol dieser Spannung zu sein; ohne ihn gäbe es sie nicht, die Einheit des Ganzen wäre unrepräsentiert, ginge im Widerstreit der partikulären Interessen verloren. Der kirchliche Amtsträger (nicht: Machthaber) muß alle an die Einheit erinnern, indem er sie dieser Spannung aussetzt. Denselben Dienst schulden aber umgekehrt die Glieder dem Oberhaupt, indem sie ihrerseits diese geistliche Spannung ertragen und nicht apparatliches Funktionieren, gar hündisches Kuschen für christlichen Gehorsam halten. »Als Kephas nach Antiochien kam, widerstand ich ihm ins Angesicht« (Gal 2,11). Nicht umsonst werden Peter und Paul zusammen an *einem* Tag gefeiert.

In einem ordentlichen Recht muß festgelegt sein, wer im Zweifelsfall bestimmt, strenggenommen gibt es also kein *christliches* Kirchenrecht; in Christus herrscht nicht das Recht, sondern die Liebe. Weil aber das Wort »christlich« nicht nur das neue Leben der Christen bedeutet, sondern auch dessen Basis in der vergehenden Welt, deshalb sollen wir ungescheut von einem christlichen Kirchenrecht sprechen, von ihm allerdings nicht *wesentlich* mehr erwarten als von anderen Rechtssystemen auch – etwas mehr schon; zeichenhaft sollte die Ordnung der Gemeinde auf das Reich Gottes als ihre Quelle und ihr Ziel hinweisen.

Jetzt wird klarer, warum das Leib-Ich-Denken es so schwer hat gegenüber dem Volk-Herr-Verständnis. Das gesellschaftliche Paradigma ist nicht nur deshalb das alte, weil es bisher galt, sondern in tieferem Sinn: Es gehört dem alten Äon an, der zwar in Wahrheit am Vergehen ist, nicht aber in öffentlicher Sichtbarkeit. Den christlichen Massen aus Mitläufern, Anpassern, aufgeklärten Oberschichten und jenseitsnarkotisierten Unteren ist allein das alte Paradigma klarzumachen: Ich bin der Herr dein Gott, du sollst meinen Beauftragten wie mir gehorchen. Oder: Du sollst alle angemaßten Herren zum Teufel jagen und mir allein gehorchen. Konstantins oder Thomas Münzers Logik ist jedem verständlich, ganz ohne Ostererfahrung. Dem Kaiser hätte bestimmt die »Übersetzung« von »seid einander untertan« gefallen, die sich in einem vorkonziliaren italienischen Meßbüchlein fand: »Die Unteren seien den Oberen untertan.«

Weil die Herr-Gott-Idee heilsgeschichtlich zum alten Äon gehört, letztlich deshalb kann sie den Gott des Christentums nicht angemessen bedeuten. »Gott ist die Liebe«; die Liebe aber gleicht nicht einem Sultan, der unbezogen über seine wurmgleichen Untertanen herrscht.

Im Winter 1848/49 besucht der junge Gottfried Keller in Heidelberg Ludwig Feuerbachs Vorträge über »das Wesen der Religion«. Begeistert schreibt er in die Heimat: »So viel steht fest: ich werde *tabula rasa* machen – oder es ist vielmehr schon geschehen – mit allen meinen bisherigen religiösen Vorstellungen, bis ich auf dem Niveau Feuerbachs bin. Die Welt ist eine Republik, sagt er, und erträgt weder einen absoluten noch einen konstitutionellen – rationalistischen – Gott ...«[41]

Läßt sich das Gottesbild aber demokratisieren? Tatsächlich gehört ein demokratischer Regent in das Gefüge, das er leitet, selbst als ein Faktor mit hinein; dieser Gedanke ist aber von Gott wegzudenken, er würde das unendliche Prinzip zum Teil-Element erniedrigen. Nirgends in der Weltrepublik gibt es für Gott eine Planstelle! Kurz: Weder als monarchischer noch als demokratischer Herrscher läßt der christliche Gott sich denken, darum ist das politische Paradigma überhaupt zu verwerfen und durch das Denkmuster Leib-Ich zu ersetzen. Nur innerhalb seiner, als abgeleitete Untermodelle, behalten dann auch das monarchische wie das demokratische Gottesbild ihre wohl auszubalancierende Gültigkeit.

Heute gibt es kaum mehr christliche Massen. Die Kirchengeschichte kehrt zu ihren Anfängen zurück, da eine winzige, den Mächtigen unbekannte Minderheit sich als wissender Träger des allgemei-

41 In: *Ludwig Feuerbach*, Sämtl. Werke, Band XII, Stuttgart 1964, 123.

nen Heils bekannte: »Was im Leib die Seele ist, das sind in der Welt die Christen.«[42] Das Herr-Gott-Paradigma hat in ausweglose Krisen geführt, die Strahlkraft der Kirche geschwächt, den weltweiten Atheismus verschärft. Die Zeit scheint reif, uns auf die ursprüngliche Heilserfahrung zu besinnen, nicht *unter* einem fernen Himmelsherrn uns zu fühlen, vielmehr *in Christus* unserem Leben. Der Begriff »das Ich«, den der neuzeitliche Geist langsam herausgearbeitet hat, ermöglicht uns, in der alltäglichsten Innenerfahrung eines jeden *das* Gleichnis für die unautoritäre Autorität des einfachen Wesens in seinen vielen Sondervollzügen zu finden – und nicht wieder zu vergessen.

7. Die Einheit der christlichen Botschaft

»Wollte der Fuß sagen: ich bin nicht die Hand, darum gehöre ich nicht zum Leibe – so gehörte er gleichwohl zum Leib hinzu. Und würde das Ohr sagen: ich bin nicht das Auge, darum gehöre ich nicht zum Leibe – so gehörte es trotzdem zum Leib hinzu. Wenn der ganze Leib Auge wäre, wo bliebe da das Gehör? Wenn er ganz Gehör wäre, wo bliebe der Geruch? Doch nun hat Gott den Gliedern einzeln ihre Funktion im Leibe gegeben, so wie er es wollte.« So schreibt Paulus an die Gemeinde von Korinth, um ihr das Unsinnige ihrer Streitereien bewußtzumachen. Sein Prinzip reicht aber viel weiter. Es gilt der ganzen Kirche, die, über die Zeiten und Räume hin ausgebreitet, ein einziger Leib ist, aber in sehr verschiedenen, ja *gegensätzlichen Organen*.

Deshalb sollte ein Christ die eigene Weise des christlichen Glaubens für eine Widerspiegelung des undurchschaubaren Ganzen ansehen, für *ein* Organ des Christusleibes, der ein Organismus aus mancherlei solchen Widerspiegelungen ist. Statt dessen verwechselt man – uniformistisches Mißverständnis – jenes *besondere* Antlitz, welches das Ganze unserem Vernunftblick zeigt, mit einer *allgemeingültigen*, jedem Verstand einsichtigen Wissenschaft, zwar durch Offenbarung erworben, dann aber doch ähnlich gewußt wie sonst ein verfügbares Wissen. Auf diese Weise geht der Sinn der göttlichen Offenbarung zum Teufel der Rechthaberei, der Inquisitionsverliese, der lodernden Scheiterhaufen. Tiefe, belebende Gegensätze werden zu Widersprüchen verflacht und diese, da unerträglich, durch Ausmerzung eines

42 Brief an Diognet (wahrscheinlich Ende 2. Jh.) VI 1.

Poles beseitigt, vereinseitigt. Am Ende steht ein überschaubar einheitliches Bild, die klare und einbleubare Ideologie der Großkirche, des Katholizismus, des Protestantismus, die jeder Parteigenosse versteht, um so problemloser, je weniger er Christus existentiell begegnet ist.

Mit der Dogmengeschichte ist es wie mit einem schottischen Studenten in Stuttgart, von dem seine Freunde erzählen: Einmal singt er »My heart's in the Highlands«, dann singt er »Ich hab' mein Herz in Heidelberg verloren«. Wie kann beides wahr sein? Noch dazu, wo wir spüren, wie sein Herz doch hier in Stuttgart klopft. – Tatsächlich: Gebt einem Rechner diese drei »Informationen« ein und er streikt. Entweder ist das Herz im Hochland oder in Heidelberg verloren oder in Stuttgart. Ein Mensch hingegen verkraftet die gegensätzlichen Wahrheiten von Heimweh, Liebeskummer und physischer Anwesenheit, sieht im Gemeinten keine Widersprüche, obwohl die gesagten Sätze – plattverständig fehlgedeutet – miteinander unvereinbar sind.

Wie spannungsreich, wie wenig uniform der christliche Glaube und seine Geschichte sind, das können uns schon einige wenige Beispiele lehren.

Vorösterliche Enttäuschung. Bereits innerhalb des Neuen Testaments finden sich Sätze aus grundverschiedenen Sinnkontexten. Wird diese Verschiedenheit anerkannt, dann bekommen sie alle einen verständlichen Sinn: die *damals* gültige Wahrheit, deren Vereinbarkeit mit anderen Wahrheiten die gläubige Vernunft anerkennen kann, nicht aber der Mono-Verstand, der alles mit *einem* Be-griff anpacken will. Am deutlichsten wird dies bei den Überbleibseln aus der allerältesten Tradition: Jesu erster, noch zu seinen Lebzeiten enttäuschter Naherwartung. In der Aussendungsrede (Mt 10) bereitet Jesus die Jünger darauf vor, daß während ihrer Verkündigungsreise durch Israel das Reich Gottes hereinbrechen wird, erst die Wehen der Verfolgung und dann die glorreiche Erscheinung des Menschensohnes. In diesem Zusammenhang steht auch Vers 23: »Verfolgen sie euch in der einen Stadt, so flieht in die nächste. Denn amen, ich sage euch: Ihr werdet nicht vollständig durch die Städte Israels hindurchkommen, bis der Menschensohn kommt.« Es kam jedoch anders. Die Jünger kehrten fröhlich zurück (Lk 10,17), Verfolgungen und Reichsanbruch blieben aus.

Hatte Jesus sich getäuscht? Vernünftig urteilt Karl Rahner: Man möge »von einem ›Irrtum‹ in der Naherwartung Jesu sprechen, der in diesem ›Irrtum‹ nur unser Los geteilt hätte, weil so zu ›irren‹ für den geschichtlichen Menschen und also auch für Jesus besser ist, als immer schon alles zu wissen. Wenn man aber den existentialontologisch richtigeren Begriff von ›Irrtum‹ voraussetzt und bewahrt, ist kein Grund gegeben, von einem Irrtum Jesu in seiner Naherwartung zu sprechen: Ein echt menschliches Bewußtsein *muß* eine unbekannte Zukunft vor sich haben. Die Naherwartung Jesu war für ihn die *wahre* Weise, in der er in seiner Situation die zur unbedingten Entscheidung rufende Nähe Gottes realisieren mußte.«[43]

Wie nahm eine unvernünftig scheinwissenschaftliche Theologie hier Stellung? Sie verstand den Satz ohne weiteres im Einklang mit ihrem späteren Sinnrahmen, wo für eine Enttäuschung des auf Erden weilenden Gottessohnes kein Platz war. In seinem Evangelienkommentar von 1636 bietet der Jesuit Cornelius a Lapide vier Deutungen an, die alle ihre kirchlichen Anhänger hätten. 1. Bevor ihr die Städte durchhabt, schließe ich (der Menschensohn) mich euch wieder an. 2. Ihr werdet die Juden nicht bekehren vor meiner Auferstehung, dann komme ich zu euch zurück und sende euch in die Welt. 3. Ihr werdet fliehend und predigend mit Juda nicht fertig werden, bevor ich als euer Rächer wiederkomme, um durch Titus und Vespasian die schlimmen Juden zu vernichten. 4. Ihr werdet nicht ganz Israel bekehren vor der zweiten Ankunft Christi zum Gericht; bis zum Ende der Welt wird es ungläubige Juden geben. Martin Werner bringt noch weitere Auslegungen; die Stelle sei »schon für das Bewußtsein der ältesten Kirche nachweislich völlig rätselhaft« gewesen (72). Das kann nicht anders sein, wenn man einen Satz, den Jesus in einer bestimmten Perspektive gesagt hat, in der eigenen völlig anderen geistigen Situation dennoch als stimmige Deutung begreifen will.

Enttäuschte Naherwartung nach Ostern. Pauli Gedanken sind von der Erwartung der nahen Wiederkunft Christi beherrscht: »Wir sind die, auf die das Ende der Weltzeiten gekommen ist« (1 Kor 10,11). »Freuet euch ... der Herr ist nahe« (Phil 4,5). Die Urchristen waren sämtlich »Adventisten«. Nach einigen Generationen läßt der Zweifel sich aber nicht mehr verdrängen: »Wo bleibt denn nun seine versprochene Ankunft? Denn seit unsere Väter sich schlafen gelegt haben, ist alles so geblieben, wie es vom Anfang der Weltschöpfung an gewesen ist« (2 Petr 3,4). Die Antwort »Vor Gott sind tausend Jahre wie ein einziger Tag« (3,8) ist freilich wahr, löst das Problem aber nur scheinbar; wir Menschen fühlen eben nicht nach göttlichem, sondern nach

43 Grundkurs des Glaubens, Freiburg 1977, 247.

menschlichem Maß, und da ist es ein wesentlicher Unterschied, ob die Zeit bis zum Tage Christi nur mehr kurz ist (1 Kor 7,29) oder noch tausend Jahre und länger währt. Cyprian vertritt noch im 3. Jahrhundert energisch die Naherwartung (109). Daß wir heute dies nicht mehr können, sei uns kein Grund, das Denken der ersten Gemeinden nach dem unseren zu modeln. Wie recht hat Albert Schweitzer: »Ein Christentum, das die historische Wahrheit nicht in den Dienst der geistigen zu stellen wagt, ist nicht innerlich gesund, auch wenn es sich stark vorkommt. Die Ehrfurcht vor der Wahrheit als solcher, die in unserem Glauben sein muß, wenn er nicht zum Kleinglauben werden soll, begreift auch die Achtung vor der historischen Wahrheit in sich.«[44]

Die Geltung des Gesetzes. »Denkt nicht, ich sei gekommen, das Gesetz oder die Propheten aufzulösen. Nicht aufzulösen bin ich gekommen, sondern zu erfüllen. Denn amen ich sage euch: Bis Himmel und Erde vergehen, soll nicht ein Buchstabe oder ein Jota vom Gesetz vergehen, bis alles geschieht« (Mt 5,18). Für Jesus gilt das Gesetz, aber nur bis zum Anbruch des Reiches Gottes. Paulus denkt ebenso; weil aber durch Jesu Tod und Auferstehung die Verwandlung der alten Welt in die neue des Reiches begonnen hat, *deshalb* gilt für die Christen, insofern sie in Christus sind, das Gesetz schon nicht mehr: »Wenn ihr euch beschneiden laßt, kann euch Christus nichts nützen« (Gal 5,2). Vielmehr herrscht ein Schwebezustand: der Jude lebe als Jude, der Heide als Heide (1 Kor 7), auf beides kommt es im Grunde schon nicht mehr an, denn »die Frist ist knapp«.

Als sich dann zeigte, daß die Frist doch länger als erwartet war, fiel diese Begründung der Gesetzesfreiheit dahin (203), und die Kirche geriet in eine Ratlosigkeit, aus der sie bis heute nicht herausgefunden hat. Ein Versuch, ihr zu entkommen, war die Rückkehr unter den Bann und Fluch des Gesetzes. Mindestens bis zum letzten Konzil mußte jedem Studenten der katholischen Moraltheologie deren Ähnlichkeit mit jenen Satzungen der Pharisäer auffallen, die Jesus so scharf verworfen hatte. Wie das aber vermeiden? Jede Organisation, die im Namen Gottes den Menschen gegenübertritt, muß doch genau wissen, was Gott von ihnen will, sonst wäre sie unnütz – so denken bestimmende Kreise in Zion und Teheran, zu Mekka und im Vatikan. Die Resultate können furchtbar sein. Welche Gewis-

44 *Albert Schweitzer* (s. Anm. 27), Vorrede, X.

sensnot und Höllenangst hat, lange nach »des Gesetzes Ende«, das »sechste Gebot« über junge und alte Christen gebracht; schweigen wir von Qualen wie den »Sünden« gegen die eucharistische Nüchternheit.

Den entgegengesetzten Weg ist die Gnosis gegangen. Sie erklärt jenen Satz Jesu zur judenchristlichen Fälschung, ursprünglich habe er gelautet: »Ich bin nicht gekommen das Gesetz zu erfüllen, sondern es aufzulösen« (230). Für Markion ist das Gesetz eine unheilvolle Belastung der Menschheit durch den bösartigen Weltschöpfer (219); dessen Normen gelten für die Erlösten nicht. Aus diesem Ansatz lassen sich wiederum gegensätzliche praktische Folgerungen ziehen. Entweder man zieht sich in strengster Askese von allen Weltdingen zurück, lebt im Machtbereich des »Gottes dieser Welt« (2 Kor 4,4), das heißt des Teufels, möglichst doch so rein, wie es solchen zukommt, deren »Bürgerrecht im Himmel ist« (Phil 3,20). Oder aber man ergibt sich, seine Freiheit von aller Gesetzknechtung zu demonstrieren, der äußersten Zügellosigkeit. Ist nicht der jüngere Sohn im Schweinestall dem Heil näher als sein korrekter, selbstentfremdeter Bruder?

Alle diese Einstellungen zum Gesetz finden sich bis heute innerhalb der christlichen Kirchen, in verschiedenen Mischungen und Reflexionsgraden, aber ohne jegliche theoretische Klarheit. Mit flachlogischem Verstand – soviel hat die Dogmengeschichte erwiesen – ist dieser identitätsbedrohenden Dauerkrise der Kirche nicht beizukommen.

Die Einschätzung der Welt. Paulus erlebt, wie schon die ganze Welt in Jesu Sterbens- und Auferstehungsprozeß hineingerissen ist, daraus folgt seine Ethik der Vorläufigkeit: »Das sage ich euch, Brüder: Die Frist ist kurz. Hinfort sollen die, die Frauen haben, sich verhalten, als hätten sie sie nicht; und die Weinenden, als weinten sie nicht; die Fröhlichen, als freuten sie sich nicht; die einkaufen, als könnten sie es nicht behalten; und die die Welt für sich in Anspruch nehmen, als hätten sie nichts davon. Denn das Wesen dieser Welt ist im Vergehen« (1 Kor 7,29 ff.). In eschatologisch aufgeregter Zeit ist diese Einstellung nicht paradox, sondern logisch; wer Kriegsende und Währungsreform miterlebt hat, erinnert sich ähnlicher Gefühle. Wie das Ende dann aber ausbleibt, zerfällt die Spannung in ihre beiden Pole: den frühkatholisch-positiven sowie den gnostisch-negativen. Eine Frühform der Gnosis drückt sich schon im ersten Johannesbrief aus: »Habt nicht die Welt lieb und was in der Welt ist! Wenn jemand die Welt lieb hat, so ist die Liebe des Vaters nicht in ihm. Denn alles, was in der

Welt ist: die Fleischeslust, der gierige Blick und die Hoffahrt des Lebens, stammt nicht vom Vater her, sondern von der Welt. Und die Welt vergeht samt ihrer Lust, doch wer den Willen Gottes tut, bleibt in Ewigkeit« (1 Joh 2,15–17). Wenn die Fleischeslust vom Bösen ist, dann empfiehlt sich ein Sicherheitsabstand – dagegen wendet sich die schöpfungsfrohe Großkirche: »Sie verbieten zu heiraten. Sie verbieten, bestimmte Speisen zu sich zu nehmen, obwohl doch die Glaubenden, die die Wahrheit erkannt haben, alles, was Gott geschaffen hat, mit Dank gebrauchen dürfen! Denn alles, was Gott geschaffen hat, ist gut; nichts also ist verwerflich, was man mit Dank gegen Gott zu sich nimmt. Durch Gottes Wort und Gebet wird alles heilig und rein« (1 Tim 4,3–5). Nein und Ja zur Welt steht beides in der Bibel. Vollkommen wie Gott sollen wir sein, Gott hat die Welt sehr geliebt, aber wir dürfen sie nicht lieben, obwohl sie vom guten Gott gut geschaffen ist, freilich ist ihr Gott der Teufel. Viel kann man der christlichen Lehre vorwerfen, nicht aber, sie sei eine flache, einförmig-widerspruchslose Ideologie. Liegt aber nicht in einer solchen die geistige Identität der Kirche: worin dann?

Nicht in einem objektiv erfaßbaren *Was* besteht die Einheit der Kirche, sondern in ihrem subjektiv einen *Wer*, jenem ICH, welches in Personalunion die formal gegensätzlichen Seinsweisen zusammenhält. Die Jüngergruppe bei der Aussendungsrede, eine hochgespannte Paulusgemeinde, die Wüstenmönche, der christliche Kaiserhof in Byzanz, die Basisgemeinde in der Favela, eine Dienstbesprechung bei Kardinal Ratzinger: keine dieser Weisen von Kirche hat die gleiche Ideologie wie eine andere. Was ihre »Informationsstruktur« betrifft, sind sie ähnlich verschieden wie der Embryo, der ich war, das Herz des Säuglings, der Dickdarm des Vierjährigen, der Magen des Schülers, Hand und Niere des Erwachsenen. Dies alles aber und noch viel mehr bin ich; jenes alles und noch viel mehr ist der lebendige Leib des göttlichen Ja, Christus insgesamt, ein Ich in vielen Gliedern.

Es sei mir genug, mit vierzig derselbe zu sein wie mit sieben, der gleiche bin ich nicht und soll es mir nicht vorspiegeln. Ähnlich braucht sich die Kirche um ihre Identität nicht zu sorgen. Übrigens ist »Identität« kein biblisches Wort. Sagt ein Lehrer seinen Schülern über wißbare Gegenstände heute dies und morgen das Gegenteil, dann taugen freilich Lehrer und Lehre nichts. Erfahre aber ich in meinem Fuß jetzt Kälte und gleich darauf Wärme, dann ist dies kein Widerspruch, sondern Lebensrhythmus. Was den Verstand – bei Bestimmtem – rasend macht, bringt – angesichts der Wirklichkeit überhaupt – die Vernunft zum Tanzen.

Gilt also das göttliche Gesetz oder nicht? Sollen wir die Welt lieben oder nicht? – Gegenfrage: Wie pflegst du zu gehen, mit dem rechten oder dem linken Fuß? Beschreibe ich die Statue »Geher«, so kann ich angeben, welches Bein vorne ist. Bei einem wirklich Gehenden versagt die klare Methode. Wäre innerstes Prinzip der Kirche ein Herr, der sie wegen persönlicher Abwesenheit durch schriftliche Weisungen sowie Erlasse seiner Vertreter leitet, dann müßten diese Weisungen natürlich ein widerspruchslos verstehbares Regelwerk bilden, das heißt die Kirche wäre ein Apparat, ihre Apparatschiks hätten so durchaus recht, wie sie das meinen. Gott sei Dank ist innerstes Prinzip der Kirche aber nicht der Chef eines Apparats, sondern das Ich eines Leibes, kein vor-geschriebenes Programm macht ihre Identität aus, vielmehr die sich durchhaltende Gegenwart der ewig spontanen gottmenschlichen Freiheit, unverrechenbar zumal treu und neu.

Nur wenn wir uns so auf der Höhe der Glaubensvernunft halten, vermeiden wir den Absturz: entweder nach links in ungläubige Religionswissenschaft oder nach rechts in abergläubische Religiosität. Die kritische Wissenschaft erforscht die verstehbaren Denkformen der verschiedenen Epochen und sieht ein, *wie* unüberbrückbar gegensätzlich sie sind. Man spricht von Hellenisierung, Latinisierung, Institutionalisierung, Ritualisierung etc.; für die ehrliche Wissenschaft gibt es keine kirchliche Identität, weder zwischen der Urkirche und späteren Epochen noch zwischen der Großkirche und den (zeitweise größeren) Häresien noch zwischen den heutigen Konfessionen.

Andersherum denselben Fehler machen die Abergläubisch-Kirchlichen. Von der christlichen Identität sind sie überzeugt, verlegen sie aber ins Wißbar-Bestimmte, statt sie dem Geheimnis der Person Christi zu überlassen. Folglich erträumen sie sich eine Kirche, die es nie gegeben hat. Konflikte zwischen Christen (etwa zwischen Paulus und der Urgemeinde oder zwischen Luther und dem Papst) werden entweder zu banalen Meinungsdifferenzen heruntergespielt oder zur Trennung einer falschen Kirche von der wahren verschärft. Eine aufrichtige Dogmengeschichte wie das großartige Werk von Martin Werner wird nicht zur Kenntnis genommen (daß ich als gelernter Theologe 48 werden mußte, bevor ich es zum erstenmal sah, ist ein trauriges Indiz). Nach der Vorstellung eines »treuen Katholiken« glauben Simon Petrus und Johannes Paul so ziemlich das Gleiche. Tatsächlich nicht. Wohl an denselben, gestern, heute und in Ewigkeit. Das ist genug. Das sei auch uns genug.

Ergebnis des III. Teils. Jesus Christus ist die sichtbare, bestimmte Erscheinung des inneren ICH in der äußeren Wirklichkeit, jenes Ich, als dessen Äußerung andererseits alle Wirklichkeit geschaffen ist. Wer Christus den Christen ist, kann jeder ahnen, während er das Wort »ich« ausspricht oder seine Unterschrift schreibt. Beide Male meint er mit einem *besonderen* Wort ausdrücklich sich, den Ganzen, die allgemeine personhafte Mitte in und hinter *jedem* seiner Worte. »In Ihm ist alles geschaffen« bezieht sich nicht auf jene jüdische Individualität um die Zeitenwende, sondern auf die ewige Person, deren Vermenschlichung Jesus ist, ähnlich wie mein Wort »ich« mich wortet und meine Unterschrift mich bedeutet. Jedes von mir geschriebene Wort soll etwas von mir ausdrücken, die Unterschrift aber mich selber als Person. So soll jeder Mensch eine Präsenz Gottes sein, und doch ist Gott in Jesus auf einmalige Weise als Person erschienen.

IV. Schluß

1. Die Mysterienlampe

»Nichts ist in der Vernunft, was nicht zuvor sinnlich gewesen wäre«, heißt ein alter Spruch. Zwar findet jeder Mensch die Beziehung des innersten Ich zu seinen leiblichen oder sprachlichen Beteiligungen unmittelbar in seiner Erfahrung vor; um aber diese Beziehung, die er ja stets *ist*, auch objektiv vor sich zu haben und über sie nachdenken zu können, bedarf er einer sinnlichen Anschauung. Diese bietet ihm ein einfacher Gegenstand: die Mysterienlampe. Es handelt sich um eine oben offene Glaskugel mit einer Glühbirne in der Mitte. Die Kugel ist mit allerlei bunten Kreisflächen verschiedener Größe bemalt, so daß man von den verschiedensten Seiten aus das je anders gefärbte Zentrallicht als leuchtende Mitte eines bestimmten Kreises erblickt. Diese Lampe ist eine wunderbare Meditationshilfe, wenn wir unserer tiefsten Wahrheit innewerden wollen.

Einer der bunten Kreise (sagen wir: dieser lilafarbene) bedeute mich samt meinem Ganzen, die anderen seien Symbole meiner Mitmenschen. Ich stelle mich so hin, daß mir die Lichtquelle inmitten des lila Kreises erstrahlt. Da gibt es nun vier grundverschiedene Weisen, wie ich die eigene Helle deuten kann.

a) *Die reine Mitte: das Selbst.* Fangen wir innen an. Ohne das leuchtende, in sich farblose Mittellicht wäre auch mein lila Kreis nicht hell. Im nächtlichen Zimmer genügt ein Griff zum Schalter, und alles ist finster. Auf strahlt das reine Licht, und auch mein Kreis ist hell. Nichts anderes ist meine leuchtende Farbe als die besondere Weise der Einschränkung, die das reine Licht in mir annimmt. Sofern ich hell bin und nicht finster, bin ich (das lila Leuchten) keine andere Wirklichkeit als das Licht selbst, sondern seine farbige Erscheinung. Keine Fremdheit gibt es zwischen heller Farbe und Ursprungslicht, sie ist eine der Weisen, wie es wirklich ist; heimlich in ihm enthalten, wird sie außen offenbar. Ähnlich ist es mein reines Ich, welches in allen Lebensvollzügen sich beteiligt, ähnlich ist das unendlich einfache göttliche Wesen der Ursprung jeder bestimmten Sinnhaftigkeit.

Diesen Ursprung ohne Ursprung (abgesehen von jedem innergöttlichen Relationsgegensatz) erlebt der Selbst-Mystiker, in Indien und anderswo. Der Christ hat keinen Grund, gegen Meister Eckhart mißtrauisch zu sein; laut dem Johannesevangelium findet diese Bewußtseinsweise sich auch in Christus. »Ehe Abraham ward, bin ICH« (Joh 8,58), das klingt wie extremste indische Identitätsmystik. Jemand hat vorgeschlagen, das betonte »ego eimi« bei Johannes als »ich bin ICH« zu übersetzen; es handelt sich hier um die reine SELBST-Aussage des göttlichen Subjektes in Person. Christus besteht darauf: »Wer mich sieht, sieht den Vater« (Joh 14,9).

b) *Strahlende Vermittlung: das Eins.* Wieder bin ich der lila Kreis und achte auf meine Helle. Nicht als Weise der zentralen Lichtquelle erlebe ich mich aber jetzt, auch nicht als getrennt von ihr, sondern der Gegensatz von Leuchte und Helle hebt sich auf in der Erfahrung ihrer gemeinsamen Energie: des Lichtes. *Zwischen* der Mitte und mir, da strömt, strahlt, schwingt die Wirklichkeit; in ihr, die nicht punktförmig, sondern umfangend ist, bin ich geborgen. Ähnlich ist mein *Leben* die dynamische Spannungseinheit zwischen mir als Wer-Subjekt und meinen zahllosen – inneren wie äußeren – Was-Objekten, ähnlich ist der Heilige Geist, das Leben in Gott, die ewige Aufhebung der unendlichen Spannung zwischen subjektiv-einfachem Ursprung und objektiv-buntem Logos.

Den ichlosen Tanz des Heiligen Pneuma erlebt der Einheitsmystiker, in afrikanischen Stammesreligionen oder bei einer Zen-Meditation oder anderswo. Auch der Christ darf sich dieser Bewußtseinsweise hingeben. Wenn Jesus »im Heiligen Geiste jubelte« (Luk 10,21), dann empfand er seine absolute Geborgenheit im strömenden EINS des göttlichen Liebes-Wir. Die heilige Ruach, die allverbindende Einheit von ICH und DU, trägt ihn stets in ihrem Schoß, nie wird SIE von ihm entbunden. Der »Sohn der Liebe« (Kol 1,13) des Vaters spürt ihren Frieden als innerste Glückskraft. In IHR, der mütterlichen Huld vor und nach allen Härten der Geschichte, weiß er sich unverlierbar aufgehoben.

c) *»Schlechthinnige Abhängigkeit«: das Du.* Jetzt erlebt der lila Kreis sich als abhängig von der leuchtenden Mitte. Nicht ihre Seinsweise bin ich insofern, auch nicht strömend eins mit ihr, sondern deutlich unterschieden: Licht *vom* Licht. DIR, dem mir anderen, verdanke ich mich selbst. Keine Fremdheit stört; es ist ja mein Eigenstes, was Du mir gibst. Wohl aber bekenne ich meine totale Bezogenheit auf Dich: ohne Dich wäre ich nichts. Ähnlich bittet meine wohlig badende Haut das Ich: laß mich noch in der warmen Wanne – während der Magen endlich etwas zu essen wünscht.

Wer seine Beziehung totaler Abhängigkeit von Gott herzlich bejaht, lebt in der religiösen Bewußtseinsweise. Auch der Christ wird sich ihr immer wieder überlassen, zuletzt wenn er ungestützt im Tod versinkt, sich selbst und alles verliert, während einzig sein Vertrauen auf DICH den ganz Anderen sich noch in die Leere hinauswirft. Weil Christus ohne Abstrich Gottes Du ist, deshalb liefert er sich dem Anspruch des Vaters willig aus, bis zum Tod am Kreuz. Seine Lehre ist nicht seine Lehre, sondern dessen, der ihn gesandt hat (Joh 7,16), dessen Willen zu tun ist Jesu Speise (Joh 4,34).

d) *Die Helle außen: das Ich.* Jetzt achtet der lila Kreis, der ich bin, auf sich selbst und erlebt seine eigene Helle einfach als gegeben, ohne nach Geber und Ursprung zu fragen. Es gibt mich, es gibt alles, es gibt Sinn; diesem *es* nachzuforschen ist sinnlos, denn jedes Resultat der Forschung müßte wieder etwas sein, was es gibt. Das geheimnisvolle »Es« selbst gibt es logischerweise nicht, anscheinend ist es nur grammatikalisch begründet wie bei »es regnet, es schneit«. Nein: Wirklich bin ich, sind wir Menschen, Tiere, Pflanzen und Dinge – hier auf Terra oder sonst irgendwo im Weltall, in welcher Gestalt auch immer. Da mein lila Licht von keinem der andersfarbigen Nachbarn her zu erklären ist, darf ich annehmen, daß ich aus mir selber leuchte; dasselbe glaube ich auch von allem anderen, was sinnvoll ist.

Kein Zweifel: Im Licht der Mysterienlampe zeigt auch diese Grundeinstellung der Neuzeit sich als *eine* Wahrheit. Das Ganze lügt nicht, wenn es vielen so erscheint, als leuchtende, faszinierende Oberfläche. David Hume findet dieselbe Struktur auch in seinem Menschenbild (nicht wissend, daß er damit an uralte buddhistische Thesen anknüpft): »Es müssen unsere vielen einzelnen Wahrnehmungen sein, die den Geist zusammensetzen. Ich sage ›den Geist zusammensetzen‹, nicht ›zu ihm gehören‹. Der Geist ist keine Substanz, in der die Wahrnehmungen drinstecken ... Wir wissen nichts außer einzelne Qualitäten und Wahrnehmungen. Wie unsere Idee eines Körpers, eines Pfirsichs zum Beispiel, nur Einzelnes meint: Geschmack, Farbe, Form, Größe, Festigkeit usw. ... Wenn irgend jemand nach ernster und vorurteilsloser Überlegung denkt, daß er einen unterschiedlichen Begriff von *sich selbst* hat, so muß ich bekennen, daß ich mit ihm nicht länger debattieren kann.«[45]

45 *David Hume*, Abstract, v. 1740, sowie Treatise, Oxford 1888, 252.

Das ist ehrlich und irrtumslos formuliert; es gibt Etappen, da ist ein Mensch von seiner aktuellen Perspektive, die er eben erst erkundet, dermaßen erfüllt, daß es ihm unmöglich ist, sie zwischendurch von anderswoher zu relativieren. Wer gerade versunken am eigenen Weltbild malt, kann mit keinem fremden Maler über die rechte Sicht debattieren. Wir hingegen sollten mit Hume so debattieren können, daß wir seinen Standpunkt zwar als eine Wahrheit anerkennen, als eine berechtigte Weise, die Wahrheit zu sehen, nicht aber als die einzige Weise. Die anderen drei geschilderten Weisen sind (mir) ebenso wahr: Ich bin nicht nur ein Bündel bestimmter Vollzüge, sondern auch ein reines Ich, auch das zwischen Ich und Einzelvollzügen schwingende Leben, auch der freie Herr über der Geschichte meiner Teilfunktionen.

Dasselbe gilt für die Anwendung der oberflächigen (nicht: oberflächlichen!) Ichsicht auf das Ganze überhaupt, wie wir sie bei jenen Philosophen finden, die als Atheisten gelten, von Epikur über Feuerbach bis Sartre oder Mackie. Wer etwa den folgenden Abschnitt Feuerbachs im milden Licht der Mysterienlampe in sich aufnimmt, dürfte weder an dessen Wahrheit zweifeln noch daran, daß die Wahrheit auch noch ganz anders ist: »Der Mensch steht mit seinem Ich oder Bewußtsein an dem Rande eines unergründlichen Abgrunds, der aber nichts Anderes ist, als sein eignes bewußtloses Wesen, das ihm wie ein fremdes Wesen vorkommt. Das Gefühl, das den Menschen an diesem Abgrund ergreift, das in die Worte der Be- und Verwunderung ausbricht: was bin ich? woher? wozu? ist das religiöse Gefühl, das Gefühl, daß ich Nichts bin ohne ein *Nichtich*, welches zwar von mir unterschieden, aber doch mit mir innigst verbunden, ein *anderes* und doch mein *eigenes* Wesen ist.«[46]

Auch Jesus hat als selbstbewußtes Ich gelebt. Weil er des wahren Gottes Du ist und mit ihm wesensgleich, muß er allen Forderungen, die von anmaßenden Institutionen im Namen Gottes zu Unrecht an die Menschen gestellt werden, in unbefangener Selbstgewißheit entgegentreten, den Alten ist gesagt worden, *ich* aber sage euch. Wie unterscheidet sich dieses dem Logos eigene »Ich« Christi von dem schlechthin göttlichen ICH (oben: a) das Selbst), das in Christus lebt? Nun, dieses mystische ICH ist reine, ursprüngliche Subjektivität, die sich entweder an sich selbst richtet oder an euch, denen ICH mich offenbare, aber an keine irgendwie vorgängige Autorität. Das Ich! der

46 *Ludwig Feuerbach*, Sämtl. Werke, Stuttgart 1903ff., VIII, 392.

Selbstgewißheit hingegen ist stets, bei Jesus ebenso wie beim trotzigen Kind, beim Dissidenten vor dem Schalter der Bürokratie oder bei der neuzeitlichen Wissenschaft, die sich kirchlicher Bevormundung entwindet, *Re*-aktion, *Ant*-wort auf die Willkür eines vorgegebenen *anderen* Ich und zeigt sich dadurch als besonderer Ausdruck der zweiten Person, des Du. Als »Ich!« muß das Du dann auftreten, wenn ihm die eingeborene Würde (seiner Wesenseinheit mit dem ICH) von einer Mißgestalt des Ich negiert wird, die selbst aus der Ich-Du-Wir-Harmonie herausgefallen, deren Ego zum Egoismus verkommen ist.

So bewahrt Christi Ich sein Du vor dem Verdacht der Selbstentfremdung, sein Du umgekehrt schützt sein Ich vor der Gefahr der Eigensucht. In Jesu Bewußtsein gibt es zwischen beiden Aspekten keinen Widerspruch, sondern lebendige Stereo-Einheit. Die muß freilich, sobald er sich *äußert*, zum *Gegensatz* scheinbar widersprüchlicher Monosignale werden. Von dieser Spannung sind Neues Testament und Kirchengeschichte erfüllt. Jude/Heide, Pharisäer/Zöllner, Älterer/Jüngerer der *beiden* verlorenen Söhne, rechte/linke Christen: immer steht dem, der du sagt und sein Ich noch nicht kennt, der andere gegenüber, der nur ich und nicht du sagen will.[47]

2. Gleichgültig? Nein: gleich gültig!

Aufgegeben ist uns die Gratwanderung zwischen Historismus und Fanatismus. Alles hat sich historisch entwickelt, sagt blaß der gelehrte Überblicker, alles ist so, wie es geworden ist, mehr gibt es nicht zu sagen. Was ist der Sinn des Lebens? Wenn du nach ihm fragst und hörst tausend widersprüchliche Antworten, dann gibt es ihn nicht. Steinzeitmenschen verehrten die große Mutter; Azteken rissen Tausenden das zuckende Herz aus der Brust; Katholiken glauben, daß ihr heiliger Vater unfehlbar sei; in Poona, in Oregon, in ... schwören

47 Dank einem fundamentalen »Rhythmus des Handelns« haben wir Menschen an diesen vier göttlichen Seinsweisen Anteil, und zwar vor wie nach dem Entschluß; vom alltäglichsten bis zum welthistorischen setzt jeglicher Entschluß (1) Selbstbewußtsein, (2) Urvertrauen, (3) Zielwahl und (4) Erkenntnis der Möglichkeiten voraus, nach ihm aber sind daran: (5) Verwirklichung, (6) Ergebnisbewertung, (7) Loslassen und (8) erfülltes Selbstbewußtsein. Diese acht Takte halten die gegensätzlichsten Wahrheiten der widersprüchlichen Ideologien zugleich auseinander und zusammen. In dem Büchlein »An Quintulum oder Seiltanz des Herzens« habe ich sie entwickelt.

sie auf Bhagwan. Bleibt nichts, als uns damit abzufinden, daß das Lager des geistigen Warenhauses zum Brechen voll ist?

Leichter haben es die mit Scheuklappen Gesegneten, denen alles klar ist. Mit Absicht stelle ich keine Liste solch beglückender Ideologien auf; aneinandergereiht, verlören sie das Köstliche: allein Alles zu erklären. Wir alle kennen Sektenleute der verschiedensten Farben. Vielleicht beneiden wir sie zuweilen. Doch Hand aufs Herz – wollen wir mit ihnen tauschen? – Wie aber entkommen wir beiden Gefahren, dem blassen Historismus und dem engen Fanatismus?

Indem wir beide durcheinander entgiften. Für sich allein ist jeder dieser -ismen hochgiftig. Ineinander verrühren lassen sie sich nicht. Wohl aber in einem Prozeß geistiger Alchemie zum Vitamin synthetisieren. Die Quadratur des Kreises ist unmöglich. Trotzdem habe ich etwas in der Hand, was zugleich kreisrund und quadratisch ist. Man glaubt mir nicht? Bitte sehr, hier die solide alte Tasse ohne Henkel. Von oben zeigt sie sich rund, von der Seite quadratisch. Siedle die Gegensätze in verschiedenen Dimensionen an, und sie stören einander nicht.

Für sich selbst, solange er anderen nicht schadet, hat der Fanatiker recht. Die Wirklichkeit ist so, wie sie sich ihm zeigt. Lernen wir von ihm, auch ihr uns erscheinendes Antlitz begeistert anzunehmen, und sei es scheinbar noch so banal. Ein Mensch fragte Dung-schan: Was ist es mit Buddha? Dung-schan erwiderte: Drei Pfund Hanf. Dies ist die senkrechte Wahrheit, sie zielt vom Leuchtkreis der Mysterienlampe nach innen. Die waagrechte Wahrheit hingegen, die sich über die Oberfläche hin erstreckt, gehört dem Historismus. Von ihm sollen wir lernen, daß es viele Farbflächen gibt, jede hat sich historisch aus Vorläufern entwickelt und geht allmählich in Nachfolger über.

Beide eindimensionalen Irrtümer beruhen auf demselben Trugschluß, unsere Lampe deckt ihn auf. So argumentiert der Fanatiker: Ich bin grün und hell, du bist rot, rot ist das Gegenteil von grün, ich bin hell, also bist du finster. Umgekehrt denkt der Geschichtsverwirrte: Ich bin grün, du bist rot, eins schließt das andere aus, also sind wir beide finster. Tatsächlich läßt sich mit roter Brille grünes Licht nicht wahrnehmen. Langer Übung bedarf es, unsere bebrillten Augen zusehends weniger geschützt der »vielbunten Weisheit Gottes« (Eph 3,10) auszusetzen. Dazu ist es nötig, die eigene Überzeugung zu formulieren und ihre objektivierte Form eigener wie fremder Kritik zu überlassen.

Statt – wie beide Einseitigkeiten – die Dimension der Farbe und die des Lichtes zu verwechseln, sollen wir sie bedachtsam auseinanderhalten. Wären die Farben finster, dann wären sie nur gleichgültig = gleich ungültig. Da jede Farbe aber hell ist (dank demselben Licht!), sehe das tolerante Urteil alle als gleich gültig an (vor weiteren Fragen, versteht sich; die setzen aber jene gemeinsame Helle voraus, sonst führen sie nie zur Verständigung). Der Sinn von »gültig« ergibt sich aus der unmittelbaren Erfahrung der *eigenen* Helle; denn nur sie, keine fremde, leuchtet dem Gemüt evident ein. Der Verstand erfaßt die prinzipiell *gleiche* Gültigkeit aller Farbflächen. Aus dieser Doppeleinsicht zieht die Vernunft den Hoffnungsschluß, alle Sinnüberzeugungen möchten letztlich gleich gültig sein. So sind Historismus und Fanatismus durch einander überwunden.

3. Christlicher Absolutheitsanspruch

Was ergibt sich aus dem erarbeiteten Prinzip für Christen, gar Katholiken? Enthält ihre Perspektive nicht ausdrücklich die Behauptung, sie sei *allein* gültig? »Für eine Kirche, die nicht einmal unfehlbar ist, würde ich doch keinen Pfennig Kirchensteuer zahlen«, soll Carl Sonnenschein gesagt haben. Universale Toleranz mag gut freimaurerisch sein oder gut hinduistisch – der Papst dürfte für dieses Programm schwerlich zu begeistern sein. Leitet die Mysterienlampe also irre?

Nein. Damit sie auch die christliche Sonderwahrheit bedeute, müssen wir allerdings einen Punkt der Kugelfläche von Farbe frei halten und mit einem ringsum spiegelnden Diamantkegel versehen. Dort trifft das reine Licht des Ursprungs unumschränkt, farblos auf und breitet sich (obgleich vermischt mit der Farbe der jüdischen Umgebung) doch auch als weißes Licht über die gesamte Oberfläche der Kugel hin aus. Wo es nur von außen erblickt, seine Selbigkeit mit dem innen strahlenden Licht nicht erkannt wird, dort beurteilt man es als bloß eine Farbe *neben* anderen Farben (ähnlich wie das Weiß dieses Papiers keineswegs Rot und Grün in sich enthält). Solches geschieht in den Menschen, die von Jesus und dem Christentum zwar historisch wissen, aber nicht an ihn glauben. Wo ein Christ hingegen glaubt, da wird im bescheidenen Weiß als *Farbe* (durch den Jesuspunkt hindurch nach innen) das göttlich reine *Licht* selbst erschaut mit der Folge, daß ein Glaubender von der Selbigkeit des weißen Christuslichtes mit dem Ursprung der eigenen hellen Ortsfarbe im Prinzip überzeugt ist, auch wenn das klare Verständnis dieser Identität mitunter schwierig, ja im

Extremfall dem Verstand unmöglich scheint – denken wir an einen Galilei-Anhänger nach dem vatikanischen Bannstrahl.

Insofern die Kirche die historische Vermittlung dieser geschichtlichen Offenbarung ist, sehen wir Christen sie auf eine Weise als unfehlbar an, die von niemand sonst beansprucht wird. In diesem Sinn erhebt das Christentum tatsächlich einen Absolutheitsanspruch, kann auf ihn nie verzichten. Er richtet sich freilich gegen niemanden, keine von innen her erleuchtete Farbe wird vom Christusweiß verfinstert, jede gerät vielmehr unter dessen Schutz bei ihrem Kampf gegen die eigenen Finsternisse. Mindestens sollte es so sein.

Praktisch hat die menschliche Herrschsucht es allerdings fertiggebracht, auch aus dem Programm des Menschlichsten aller Menschen ein Werkzeug für Unmenschlichkeit zu schmieden. Die arrogante Drohbotschaft, zu welcher die Frohbotschaft immer wieder umkippt, verdient den Haß, der ihr weltweit entgegenschlägt. Die Geschichte mit ihrem Durcheinander von Hell und Dunkel ist nie abschaffbar; wer in den Jahrtausenden der Christenheit mehr Finsternis als Licht sieht, muß keine verdorbenen Augen haben, er gehört eben nicht zu jenen, die der Vater zu Christus zieht (Joh 6,44). Darin liegt weder Schande noch ewiges Unglück; gerichtet wird jeder danach, wie er dem Licht gerecht wird, das sich *ihm* zeigt. – Soviel dem Christen.

Dem Katholiken gebe ich zu bedenken, daß eine gewisse institutionelle Absicherung der Heilsvermittlung zwar ein besonderer Wert, kein höchster aber und zum anderen auch eine Gefahr ist. Das Wort ist Fleisch geworden, und das Fleisch ist Recht geworden, und in einer Rechtsordnung weiß man, woran man ist. Kommt der Katholik in eine Kirche und sieht das rote Licht flackern, dann ist er gewiß: Hier kann ich niederknien und anbeten. Auf eine Weise, die mir kleinem Individuum unermeßlich überlegen und verbindlich vorgegeben ist, will Gott hier gegenwärtig und für mich da sein. Juristisch-apparatliche Unbezweifelbarkeit als *Symbol* der Heilsgewißheit: dies scheint mir das Wesen des Römischen im Katholischen zu sein. Und niemand sage, dies sei nichts. Dem Katholiken ist es ein teurer Zug in seinem Antlitz des Ganzen.

Niemand meine aber auch, diese Weise sei jedem nötig. Wo nämlich – extrem gesprochen – der § zum Heilszeichen wird, da drohen magischer Aberglaube und die Häresie des Bürokratismus. Zwar bedeutet dem in Sibirien Vereinsamten sein Ehering viel; wird er ihm aber geraubt, so verliert er nicht den Glauben an die Treue seiner Frau. Zwar bedeutet die sakramentale Lossprechung dem wiederversöhnten Katholiken alles – ihre Versagung dem tragisch Getrennten aber nichts, solange sein Gewissen ihm die Rückkunft – zu den amtskirchlichen Bedingungen – weiterhin verbietet.

Ausblick. Läßt der Glaube an Gott als unser personhaftes innerstes Lebensprinzip sich auch katechetisch und liturgisch fruchtbar machen? Durchaus. Ich denke zurück an die Religionsstunde, als der Katechet seine Hände hochhielt: »Eins oder zwei?« Beides stimmt, wußten die Kinder: zwei Hände, ein Mensch. Dann traten zwei Mädchen vor die Klasse, und auch jetzt war die Antwort auf dieselbe Frage den Kindern klar: Zwei Menschen, ein Gott tief in ihnen, der sie macht – nicht wie die Mutter ihre Knödel, sondern eher wie auf der Faschingsbühne eine die Gretel macht und mit anderer Stimme die Prinzessin.

Auch diese Wahrheit ist mißbrauchbar. Gegen den gefährlichsten Fehlschluß verteidige ich sie schon jetzt: Daraus, daß Gott unser tiefes Ich ist, folgt keineswegs, unser je individuelles Ich sei Gott. Metaphysischer Egoismus sei nicht unser Programm. Jeder Mensch ist stets versucht, sein besonderes Ich für die Mitte der Welt zu halten. Solcher Irrtum ist die tiefste Ursache jeglicher Bosheit; wer ihm zuneigte, würde dieses Buch total mißverstehen.

Recht versteht das Gebet »Gott Du unser Ich« nur, wem es zum Quell von Mut *und* Demut wird. Mut, weil kein Fremder uns bestimmt, sondern die lauterste Mitte unseres Selbst; Demut, weil nicht irgendein Eigenwahn uns treibt, sondern das gemeinsame Selbst unser aller. Vor seinem Glanz zu verschwinden und in ihm mitzustrahlen, das gewähre uns die ewige Güte.

Anhang: Lesestücke

Neuerungen einzuführen ist für einen Theologen kein Lob. Deshalb dieser Anhang ehrwürdiger Texte, welche die vorgeschlagene innere Proportionalgleichung enthalten. Neu ist lediglich, daß ich aus dem erbaulichen Beiwerk für fromme Stunden den prägenden Begriffsrahmen mache, während die bisher leitende Herr-Gott-Idee zu *einer* Veranschaulichung wird.

Wo *Augustinus* (354–430) nicht über Gottes Strenge spekuliert, sondern als Prediger seinen Christen ihr großes Geheimnis erläutert, da hören wir seine wahre Stimme. Heute gefragt, würde er gewiß mit uns übereinstimmen, daß nicht eigentlich das Haupt ruft, sondern das Ich durch das Haupt.

Euer Glaube, Geliebteste, ist darüber im klaren, und wir wissen, daß ihr es also gelernt habt in der Unterweisung des himmlischen Lehrers, auf den ihr eure Hoffnung gestellt: daß unser Herr Jesus Christus, der bereits für uns litt und auferstand, das Haupt der Kirche ist und daß die Kirche sein Leib ist und daß in seinem Leibe die Einheit der Glieder und das Bänderwerk der Liebe die Gesundheit darstellt. Wer immer aber in der Liebe erkaltet, der wird im Leibe Christi krank. Mächtig aber ist jener, der bereits unser Haupt erhöht hat, auch die kranken Glieder zu heilen: wenn anders sie nur nicht durch übermäßige Gottlosigkeit abgehauen wurden, sondern so lange mit dem Leibe zusammenhängen, bis die Heilung erfolgt. Denn was immer noch mit dem Leibe zusammenhängt, an dessen Gesundung ist nicht zu verzweifeln: was aber abgehauen ist, kann weder geheilt noch wiederhergestellt werden.

Da also jener das Haupt der Kirche und die Kirche sein Leib ist, so ist der ganze Christus Haupt und Leib zusammen. Jenes ist bereits auferstanden. So tragen wir also unser Haupt im Himmel. Unser Haupt legt Fürbitte ein für uns. Unser sündenloses, todloses Haupt bittet schon Gott für unsere Sünden: damit auch wir, am Ende auferstehend und gewandelt in himmlische Herrlichkeit, unserem Haupte nachfolgen. Denn wo das Haupt ist, da müssen auch die übrigen Glieder sein. Aber wir sind schon Glieder, solange wir hier sind; so laßt uns nicht verzagen: es steht uns bevor, unserem Haupte zu folgen.

Denn, Brüder, seht unseres Hauptes Liebe. Schon ist er im Himmel, und doch leidet er hienieden, solange die Kirche leidet. Hienieden hungert

Christus, hienieden dürstet er, ist nackt, ist fremd, ist krank, ist im Kerker. Denn was immer sein Leib hier leidet, das, sagt er, leide auch er: ... Ich war hungrig, und ihr gabt mir zu essen ... Denn was immer ihr einem meiner Geringsten getan habt, das habt ihr mir getan. So ist ja auch in unserem Leibe das Haupt oben, während die Füße auf der Erde stehen: und doch, wenn dir jemand in einem Menschengedränge auf den Fuß tritt, ruft dann nicht das Haupt: Du hast mich getreten? ... So ruft auch Christus, den niemand tritt: Ich hungerte, und ihr gabt mir zu essen.

Sermo 137, 1–2; PL 38, 754f. Übersetzt von Hans Urs von Balthasar

Paulinus von Nola, Zeitgenosse Augustins, sieht durch die Zeiten hin und auch im Empfänger seines Briefes das gottmenschliche Ich in eigener Person leiden und die Welt überwinden:

Seit Uranfang der Geschichte leidet Christus in all den Seinigen. Denn er ist der Anfang und das Ende, verhüllt im Gesetz, enthüllt im Evangelium, *immerdar wunderbar, mag er in seinen Heiligen leiden oder verherrlicht werden. In Abel wird er durch den Bruder erschlagen, in Noe durch den Sohn verhöhnt, in Abraham aus seinem Lande verbannt, in Isaak als Opfer angeboten, in Jakob zum Sklaven gemacht, in Joseph verkauft, in Moses ausgesetzt und vertrieben, in den Propheten gesteinigt und zersägt, in den Aposteln über Wasser und Land hin geworfen, in den zahllosen Kreuzen der Märtyrer immer aufs neue getötet. So ist es auch heute noch er, der unsere Schwächen und Krankheiten trägt, denn er ist immer noch der Mann, der für uns mit Schwären bedeckt ist und kundig, Ohnmacht zu tragen, die wir ohne ihn weder zu tragen wissen noch auch zu tragen vermögen. Er ist es, sag' ich, der für uns und in uns die Welt erträgt, um sie durch Ertragen zu überwinden und die Kraft in der Ohnmacht zur Vollendung kommen zu lassen. Er ist's, der auch in dir Schmach erleidet, und ihn haßt in dir diese Welt.* Brief 38, n. 3; PL 61,359

Um 850 lebte am französischen Hofe Karls des Kahlen der Ire *Johannes Scotus Eriugena*. Dieser bedeutendste europäische Denker mindestens dreier Jahrhunderte hat das spätere Geistesleben zwar unterirdisch vielfach befruchtet, aus der kirchlichen Theologie wurde er jedoch durch offizielle Verdammungen (1210 und 1225) seines Hauptwerkes für dauernd ausgeschaltet. Wirklich für dauernd? Wer die folgenden Texte auf sich wirken läßt, der empfindet vielleicht, über mehr als ein Jahrtausend hinweg, die tief befriedende Selbigkeit des Denkens derer, die sich als Geschöpfe und Glieder in Gott, nicht nur irgendwo neben oder unter ihm erfahren dürfen.[48]

48 Mein Kommentar besteht nur in Hervorhebungen. Die Übersetzung von Noack ist erschienen in der Philos. Bibliothek, Leipzig 1870 und 1874.

Somit ist Gott alles,[49] *was wahrhaft ist, weil er selber alles macht und selber in allem wird, wie der heilige Dionysius der Areopagite sagt. Ist ja doch alles, was gedacht und wahrgenommen wird, nichts anderes als die Erscheinung des Nicht-Erscheinenden, das Offenbar-Werden des Verborgenen, die Bejahung des Verneinten, die Erfassung des Unerfaßbaren, der Ausdruck des Unsagbaren, die Nähe des Unnahbaren, das Verständnis des Nichtverständlichen, der Körper des Unkörperlichen, die überwesentliche Wesenheit, die formlose Form, das unmeßbare Maß, die unzählbare Zahl, das unwägbare Gewicht, die geistige Masse, die unsichtbare Sichtbarkeit,* der unräumliche Raum, die zeitlose Zeit, *die Begrenzung des Unbegrenzten, die Beschränkung des Unumschränkten und alles andere zumal, was mit dem reinen Denken gedacht und durchschaut wird und was im Gedächtnis nicht erfaßt wird und der Schärfe des Geistes entgeht. Auch durch Beispiele unserer eigenen Natur können wir dies erhärten. Obgleich unser Denken für sich unsichtbar und unfaßbar ist, gibt es sich durch gewisse Zeichen zu erkennen und zu fassen, indem es durch Laute oder Buchstaben oder andere Fingerzeige sich gewissermaßen verdichtet und so nach außen sichtbar wird, dabei jedoch immer unsichtbar verharrt; und indem es in mancherlei sinnlich faßbare Gestalten heraustritt, ohne den unbegreiflichen Stand seiner Natur zu verlassen, bewegt es sich in seinem eigenen innern Bereich, bevor es sich nach außen offenbart. Demgemäß schweigt es zugleich und ruft, und im Schweigen ruft es und im Rufen schweigt es. Unsichtbar, zeigt es sich doch; und indem es* sich *zeigt, bleibt es unsichtbar; unumschränkt, wird es doch umschränkt; und indem es umschränkt wird, beharrt es unumschränkt. Es verkörpert sich nach Belieben in Lauten und Buchstaben, und in dieser* seiner *Verleiblichung bleibt es doch* in sich *selber unkörperlich …*

Der Vergleich hinkt nur insofern, als

das Denken jene Hilfsmittel, wodurch es sich zu den Sinnen anderer bewegt, aus dem außer ihm liegenden geschaffenen Stoff bildet und hernimmt, während dagegen die göttliche Güte, außer welcher nichts ist, *den Stoff ihres Sichtbarwerdens nicht von irgend etwas, sondern von nichts hernahm.* 3. Buch, 4. Kap.; I 264f.

Wir sollen einsehen,

daß nicht bloß im Worte Gottes alles ewig und geworden ist, sondern daß er auch selber alles tut und durch einfachen Geistesscharfblick alles selber wird … *Bleibt hiernach das Wort Gottes allein übrig als* Wesenheit des Daseienden, *als Bewegung und Scheidung des Unterschiedenen und als unlöslicher Zusammenhalt des Gemischten oder Zusammengesetzten, als unveränderliche* Grundlage des Gegründeten *oder dessen, was zu unveränderlicher Haltung gelangt, sowie als Ursache jeder begriffenen Wesen-*

49 Wenige wissen, daß dieser Satz aus der Bibel stammt: Jes Sir 43,27.

heit, Bewegung, Unterscheidung, Zusammensetzung und Haltung; was bleibt uns dann anderes zu verstehen übrig, als daß das Wort Gottes selber alles in allem wird? 3. Buch, 16. Kap.; I 318f.

Lehrer: Wenn also im *göttlichen Geist alles besteht, so ist es ausgemacht, daß außer demselben nichts sein kann. –*
Schüler: Über oder unter oder außer ihm gibt es nichts. –
Lehrer: Er ist also überhaupt alles selber. –
Schüler: Durchaus! Denn alles ist eben nichts anderes, als das Wissen davon im göttlichen Geiste. 5. Buch, 27. Kap.; II 268f.

Es besteht ein großer Unterschied zwischen der Natur der einfachen Seele und der bunten Mannigfaltigkeit der leiblichen Werkzeuge. Indem sie nährend und mehrend ihren Leib besorgt, verdient sie Lebensbewegung genannt zu werden, obwohl sie selber von einfachster unteilbarer Wesenheit ist... Es läßt sich hieraus begreifen, daß die ganze menschliche Seele nach dem Bilde Gottes geschaffen ist, weil sie erfassend ganz Vernunft (Intellekt) ist, erörternd ganz Verstand (ratio), im äußeren Sinne empfindend ganz Sinn und belebend ganz Leben ist. In zwiefacher Weise erkennen wir vorzugsweise die menschliche Seele als nach dem Bilde Gottes geschaffen: einmal nämlich, sofern gerade so wie Gott durch alles Dasein ausgegossen ist und doch von keinem erfaßt werden kann, auch die Seele das ganze Werkzeug ihres Leibes durchdringt, ohne doch von demselben eingeschlossen werden zu können; sodann aber gerade so wie von Gott nur das Sein ausgesagt wird, ohne daß das Was-Sein bestimmt werden könnte, auch an der menschlichen Seele nur das Sein begriffen wird, während weder sie selbst noch eine andere Kreatur begreift, was sie ist. 4. Buch, 11. Kap.; II 73f.

Um 1310 verfaßt *Meister Eckhart* für die ungarische Königin Agnes auf deutsch sein »Buch der göttlichen Tröstung«. Am folgenden Text fällt auf, daß das Wort »Leib« sorgsam vermieden wird, Eckhart spricht immer vom Menschen. Aus Schicklichkeit? Oder will er die Aufmerksamkeit vom Objektiven weg auf das Subjekt lenken?

Noch gibt es aber einen weiteren Trost. Man muß wissen, daß es der gesamten Natur unmöglich ist, irgend etwas zu zerbrechen, zu verderben oder auch (nur) zu berühren, ohne daß sie damit für das, was sie anrührt, etwas Besseres anstrebt. Ihr genügt es nicht, daß sie ein gleich Gutes schaffe; sie will stets ein besseres machen. Wieso? Ein weiser Arzt berührt niemals den kranken Finger des Menschen, so daß er dem Menschen weh tut, wenn er nicht den Finger selbst oder den gesamten Menschen in einen besseren Zustand zu versetzen und ihm Erleichterung zu schaffen vermöchte. Vermag er den Menschen und auch den Finger zu bessern, so tut er's; ist dem nicht so, so schneidet er den Finger ab, auf daß er den Menschen *bessere. Und es ist viel besser, den Finger allein preiszugeben und den Menschen zu erhalten, als daß sowohl der Finger wie der Mensch verderbe. Besser ist* ein

Schaden als zwei, insonderheit, wenn der eine ungleich größer wäre als der andere. Auch soll man wissen, daß der Finger und die Hand und ein jegliches Glied von Natur aus den Menschen, dessen es ein Glied ist, viel lieber hat als sich selbst und sich gern und unbedenklich freudig in Not und Schaden begibt für den Menschen. Ich sage zuversichtlich und wahrheitsgemäß, daß ein solches Glied sich selbst durchaus nicht liebt, es sei denn um dessen willen und in dem, von dem es ein Glied ist. Drum wäre es gar billig und wäre für uns naturgemäß das Rechte, daß wir uns selbst keinesfalls liebten, wenn nicht um Gottes willen und in Gott. Und wäre dem so, so wäre uns alles das leicht und eine Wonne, was Gott von uns und in uns wollte, zumal, wenn wir gewiß wären, daß Gott ungleich weniger irgendein Gebresten oder einen Schaden zu dulden vermöchte, wenn er nicht einen viel größeren Gewinn darin erkennte und anstrebte. Wahrlich, wenn jemand darin zu Gott nicht Vertrauen hegt, so ist es nur zu billig, daß er Leiden und Leid hat.

Deutsche Predigten und Traktate,
hrsg. u. übs. von Josef Quint, München 1963, 128

Gregor Palamas, Athosmönch und Bischof von Saloniki († 1359), gilt der orthodoxen Kirche als scharfsinniger Theologe und verehrungswürdiger Heiliger. Im Kernsatz des folgenden Textes sagt er, die Heiligen seien »organa tou Hagiou Pneumatos«. Das läßt sich verschieden übersetzen: des Heiligen Geistes Werkzeuge, Instrumente, oder auch Sinneswerkzeuge, Organe. Das Basilius-Zitat am Schluß klärt den Sinn: es sind tatsächlich belebte Organe gemeint. Wer sich in dieses ostchristliche Denken einfühlt, hat den sterilen Widerspruch zwischen theistischer Selbstentfremdung und sinntötendem Atheismus bald überwunden.

Deshalb gibt es auch Heilige, die – nach der Ankunft Gottes durchs Fleisch – jenes Licht wie ein unbegrenztes Meer erschauten, aus einer einzigen Sonnenscheibe (nämlich dem anzubetenden Leibe) geheimnisvoll hervorgeschüttet; wie auch die Apostel auf dem Berg. So ist also der Erstling unseres Teiges vergottet worden. Die Vergottung der vergotteten Engel und Menschen aber ist nicht das überwesenhafte Wesen Gottes, sondern des überwesenhaften göttlichen Wesens Energie, die sich in den Vergotteten befindet: nicht wie die Kunst im Kunstwerk – denn so ist im schöpferisch Hervorgebrachten die solches hervorbringende Kraft, die alles bescheint, ja durchleuchtet – vielmehr wie die Kunst in dem sie Aufnehmenden (laut dem großen Basileios). Deshalb sind die Heiligen auch Organe des Heiligen Geistes, da sie seine eigene Energie empfangen haben. Beweis des Gesagten: die Heilungsgnaden, das Bewirken von Krafttaten, die Vorausschau, die unwiderlegbare Weisheit, die der Herr auch »Geist unseres Vaters« genannt hat, vor allem jedoch die heiligende Anteilgabe des Geistes, die von ihnen und durch sie auf die übergeht, die nach ihnen geheiligt werden. »Ich werde von meinem Geist, der auf dir ruht, nehmen und auf sie legen«, sprach Gott zu Moses, und als Paulus den zwölf Ephesinern »die Hände auflegte, kam der Heilige Geist auf sie, und sofort redeten sie in Zungen und prophezeiten«. Sobald wir nun die eigene Würde des Heiligen Geistes bedenken, erschauen wir ihn beim Vater und Sohn; lassen wir uns aber von der Gnade anmuten, die auf ihre Empfänger wirkt, so sagen wir, daß der Geist in uns ist, »ausgegossen auf uns, nicht geschaffen, uns gegeben, nicht gemacht, geschenkt, nicht hergestellt«. In den noch Unvollkommenen ist er da (wieder mit dem heiligen Basilius zu sprechen) wie eine gewisse Geneigtheit, weil die Meinung unstabil ist, in den Vollkommeneren wie eine erworbene Gewohnheit, bei manchen eingewurzelt, ja sogar noch mehr: »Wie die Sehkraft im gesunden Auge, so ist die Energie des Geistes in der gereinigten Seele.«[50]

Triaden III 1,33

In seinem Büchlein »Vom Gottsuchen« (1445) veranschaulicht *Nikolaus von Kues* das Verhältnis der (auf Gott hin offenen) Vernunft zum Verstand (der Gottes unfähig ist) durch das andere Verhältnis der (intensiv lebendigen) Sehkraft zu den Farben (Hervorhebungen von mir); teilt der Leser meinen Eindruck, Nikolaus habe schon die ganze moderne Gottvergessenheit begriffen und überwunden?

Unser Sehen entsteht dadurch, daß eine Art lichthafter klarer Geist von dem Oberteil des Gehirns in das Sehorgan hinabsteigt und – indem das äußere Licht hinzutritt – ein farbiger Gegenstand seine sichtbaren Umrisse abbildhaft im Auge wiederholt. Im Bereiche der sichtbaren Dinge findet sich einzig nur Farbe; das Sehen aber stammt nicht aus jenem Bereich, sondern steht über allem Sichtbaren. Die Sehkraft hat also keine Farbe, weil sie nicht dem Gebiete der Farben angehört. Um jede Farbe sehen zu können, ist sie nicht auf irgendeine Einzelfarbe beschränkt; damit ihr Urteil wahrhaftig sei und frei, hat sie nicht mehr von der einen als von der anderen Farbe, und auf daß ihre Aufnahmefähigkeit sich auf alle Farben erstrecke, ist sie an keine gebunden ... Wenn wir mit den Augen der Vernunft die sichtbare Welt betrachten und dabei zu erforschen suchen, ob sie wohl Kenntnis vom Sehen besitze, so wird sich herausstellen, daß der gesamten Welt der Farbe das Sehen unbekannt *ist, weil sie ja immer nur Farbiges berührt. Sagten wir ihr nun, es gebe in der Tat das Sehen, nur sei es nichts Farbiges, und jene wollte sich dann eine entsprechende Vorstellung machen, so würde sie keinen einzigen passenden Begriff finden, der dem Sehen angemessen wäre; denn ihre Begrifflichkeit ist ohne Farbe nicht möglich. Und da sie im ganzen Umkreis ihres Bereiches keine Sehkraft findet, nichts Ähnliches noch in Gestalt und Aussehen Vergleichbares, so bleibt das Sehen völlig außerhalb ihrer Reichweite; ja, sie wird nicht einmal ver-*

50 Vgl. meine Aufsätze: Vergottung im Heiligen Geist. Die Botschaft des Athosmönches Gregorios Palamas, in: Geist und Leben 57 (1984) 352–369, sowie: Gregorios Palamas, in: Große Mystiker, hrsg. von Ruhbach und Sudbrack, München 1984.

stehen, daß Sehen überhaupt etwas sei. Zu allem, was jenseits von Farbigkeit liegt, hat sie ja keinen Zugang. Was nicht farbig ist – *so lautet ihr Urteil* – ist auch nichts ...

So geh nun, immer mit der gleichen Grundanschauung, vom Sehen weiter zum Hören, dann zum Geschmackssinn, zum Geruchssinn, zum Tastgefühl, schließlich zum Allgemeinsinn, der über jeden Einzelsinn gesetzt ist, gleichwie das Gehör über dem Hörbaren, der Geschmack über dem Schmeckbaren, der Geruchssinn über dem Riechbaren und der Tastsinn über dem Tastbaren steht. Von dort aber steige noch höher bis hinauf zur Vernunft, die sich über alles erhebt, was vernunfthaft einsichtig ist, während das Vernunfthafte seinerseits über alles Verstandesmäßige erhaben ist. Die Denkformen des Verstandes werden zwar von der Vernunft erfaßt, sie selbst aber findet sich nicht im Verstandesbereiche. Sie verhält sich vielmehr zu den Verstandeserkenntnissen wie das Auge zu den Farben ... Nirgends im gesamten Gebiet des Verstandes stößt man auf die Vernunft.

Selbst wenn die Aufmerksamkeit dessen, der sehen will, zugegen ist, so ist deshalb allein die Farbe noch nicht sichtbar. Dazu muß das Sichtbare vom Lichte einer anderen Leuchtkraft erhellt und so erst sichtbar gemacht werden ... Die Farbe ist jedoch im Lichte nicht in einem ihr irgendwie Fremden, sondern sie befindet sich in ihm als in ihrem eigenen Ursprung. Farbe ist ja nichts anderes als eine im Durchscheinen erfolgende Brechung des Lichtes, wie wir es beim Regenbogen bemerken; je nachdem, wie der Sonnenstrahl an den Wasserteilchen einer Wolke seine jeweils verschiedene Grenze erfährt, entstehen die unterschiedlichen Farben. Aus diesen Gründen ist es offensichtlich, daß die Farbe in ihrem Ursprung, dem Lichte, deshalb sichtbar ist, weil das äußere Licht und der Geist des Gesichtssinnes in ihrer Lichtförmigkeit zusammenfinden und übereinkommen. Somit dringt jenes Licht, welches das Sichtbare erhellt, zu einem gleichgearteten Lichte vor und bringt dabei das dem Auge gegenübertretende Farbbild mit ... Entsprechenderweise denk dir nun das Gleiche von der Vernunft, die das Licht des unterscheidenden Verstandes ist, und von ihr aus erhebe dich zu Gott, der die Vernunft erleuchtet. Läßt du dich so im Laufe deiner Betrachtung von dem leiten, was beim Sehen deutlich wurde, so wird dir aufgehen, daß unser ewiglich gepriesener Gott in der gleichen Weise alles ist, was in jedem Seienden ist, *wie das unterscheidende Licht in den Sinnen und das vernunfthafte Licht in den Verstandeserkenntnissen, und daß er es ist, von dem das Geschöpf Sein, Leben und Bewegung hat. In seinem Licht vollzieht sich alle unsere Erkenntnis, so daß* nicht eigentlich wir es sind, die erkennen, sondern vielmehr er in uns ... *Gott ist das jeder Teilhabe unzugängliche unendliche Licht, das alles durchstrahlt, gleichwie das unterscheidende Licht in den Sinnen leuchtet. Die wechselvolle Begrenzung dieses unvermischten, aller Teilhabe entzogenen Lichtes aber bringt ein je andersgeartetes Geschöpf zum Vorschein, so wie die unterschiedliche Beschränkung des körperlichen Lichtes im Regenbogen die verschie-*

denen Farben aufleuchten läßt, obgleich das Licht als solches unvermischbar ist. Vom verborgenen Gott, Freiburg 1956, 32–45

Jeder Teilhabe unzugänglich sei das unendliche Licht, sagt Nikolaus, und doch bringe es durch wechselvolle Selbstbegrenzung die verschiedenen Geschöpfe zum Vorschein. Eine solche Behauptung muß dem – auf Eindeutigkeit programmierten – Verstand ein ärgerliches Rätsel bleiben. Der Vernünftige aber findet eben diese Beziehung in sich selbst vor: Jeglicher Teilhabe unzugänglich ist sein reines Ich (denn sobald es sich auf irgendeine Glied-Konzentration einläßt, ist es nicht mehr rein); trotzdem ist jeder Teilvollzug, zum Beispiel im Daumen oder Ohr, nichts anderes als eine engagierte Selbstbegrenzung eben dieses reinen Ich. Die »Teilhabe am Unteilhabbaren« ist weder einem Rechner verständlich zu machen noch dem durchdrehenden Verstand; doch wer den seinen im Dienst der Vernunft gebraucht, versteht, was gemeint ist, und weiß, daß es stimmt.

Auch der kühne Aufschwung des Cusaners bis zu unserer subjektiven Identität mit Gott verliert dank dem Leibgleichnis alles Anstößige. *In Gottes Licht vollzieht sich alle unsere Erkenntnis, so daß nicht eigentlich wir es sind, die erkennen, sondern vielmehr er in uns.* Ja: nicht eigentlich mein Daumen spürt den Füller, sondern ich in ihm. Ich selber will Daumen sein, damit ich auf seine Weise die Wirklichkeit spüre. Wehe ihm aber, sollte er ohne Rücksicht auf mich, sein Ganzes, zum Krebsgeschwür entarten. Auf daß seine Rebellion nicht andere anstecke, rufe ich den Chirurgen. Der amputierte Daumen mag noch eine Zeitlang »ich« seufzen – meint er, damit weiter mich zu meinen, dann ist das sein Irrtum. Ich habe etwas verloren, er mich, sich und alles.

Teresa von Avila (1515–1582) schöpfte die Kraft zu ihren Mühen und Kämpfen aus der Stimme der unendlichen Liebe, die von innen her zu ihr sprach. Die folgende Botschaft verdient es, auswendig gelernt zu werden.

De tal suerte pudo amor,
Alma en Mí te retratar,
Que ningún sabio pintor
Supiera con tal primor
Tal imagen estampar.

Fuiste por amor criada
Hermosa, bella, y así
En mis entrañas pintada,
Si te perdieres, mi amada,
Alma, buscarte has en Mí.

Solcherart konnte Liebe,
Seele, in Mir dich abbilden,
daß kein weiser Maler
wüßte mit solcher Kunst
solches Bild zu zeichnen.

Du wardst durch Liebe geschaffen
anmutig, schön und so
in meinem Innern gemalt.
Wenn du dich verlierst, meine Geliebte,
Seele, mußt du dich suchen in Mir.

Que Yo sé que te hallarás
En mi pecho retratada
Y tan al vivo sacada
Que si te ves te holgarás
Viéndote tan bien pintada.

Denn Ich weiß, du wirst dich finden
in meiner Brust abgebildet
und so lebendig getroffen, daß wenn
du dich siehst, du dich freuen wirst,
sehend dich so wohl gemalt.

Y si acaso no supieres
Dónde me hallarás a Mí,
No andes de aquí para allí
Sino, si hallarme quisieres
A Mí, buscarme has en tí.

Und wenn du vielleicht nicht weißt,
wo du Mich finden sollst,
geh nicht von hier nach da,
sondern wenn du Mich finden
möchtest,
mußt du Mich suchen in dir.

Porque tu eres mi aposento,
Eres mi casa y morada,
Y así llamo en cualquier tiempo,
Si hallo en tu pensamiento
Estar la puerta cerrada.

Denn du bist meine Herberge,
bist mein Haus und (meine) Woh-
nung,
und so rufe Ich zu jeglicher Zeit,
wenn Ich finde: in deinem Denken
ist die Tür versperrt.

Fuera de tí no hay buscarme,
Porque para hallarme a Mí,
Bastará sólo llamarme
Que a tí iré sin tardarme
Y a Mí buscarme has en tí.

Außerhalb deiner mußt du Mich
nicht suchen,
denn um Mich zu finden,
wird es genügen, nur Mich zu
rufen,
und zu dir gehe Ich ohne Zögern,
und Mich suchen mußt du in dir.

Blaise Pascal, genialer Mathematiker und einer der glühendsten Christen des 17. Jahrhunderts, hat leidenschaftlich gewußt, daß er Gottes Leib angehört:

Glieder. Damit beginnen. Um die Liebe zu regeln, die man sich selbst schuldet, muß man sich einen Leib voller denkender Glieder vorstellen, denn wir sind Glieder des Ganzen, und sehen, wie jedes Glied sich lieben müßte.

Hätte der Fuß nie gewußt, daß er zum Leib gehört und daß es einen Leib gibt, von dem er abhängt; hätte er bloß sich selbst gekannt und geliebt und dann auf einmal erfahren, daß er zu einem Leib gehört, von dem er abhängt: welche Reue, welche Verwirrung über sein vergangenes Leben, unnütz gewesen zu sein für den Leib, der ihm das Leben einflößte, der ihn vernichtet hätte, wenn er ihn verworfen und von sich getrennt hätte, wie er sich von ihm getrennt hatte. Welche Gebete, darin bewahrt worden zu sein! Und mit welcher Ergebung würde er sich dem Willen, der den Leib regiert, überlassen, bis hin zur Zustimmung dazu, abgeschnitten zu werden, wenn nötig.

Oder er verlöre seine Glied-Qualität; denn jedes Glied müßte für den Leib gern vergehen; einzig für ihn ist alles.

Glied sein heißt: Leben, Sein und Bewegung nur durch den Geist des Leibes haben. Und für den Leib; das abgesonderte Glied, das den Leib, zu dem es gehört, nicht mehr sieht, hat nur mehr ein verfallendes und sterbendes Sein. Indes hält es sich für ein Ganzes; und da das Glied nichts von dem Leib, von dem es abhängt, bemerkt, glaubt es, es hänge nur von sich ab, und will sich selbst zur Mitte und zum Leibe machen. Da es aber in sich kein Lebensprinzip hat, kann es sich nur verirren, und erschrocken über die Ungewißheit seines Seins empfindet es wohl, daß es nicht Leib ist, sieht indes nicht, daß es Glied eines Leibes ist. Kommt es endlich dahin, sich zu erkennen, ist es wie heimgekehrt und liebt sich nur für den Leib. Es beklagt seine früheren Irrungen.

Es könnte nach seiner Natur etwas anderes nicht lieben, außer um seiner selbst willen und um es sich zu knechten, denn jegliches liebt sich mehr als alles. Doch den Leib liebend liebt es sich selbst, weil es Sein nur hat in ihm, durch ihn und für ihn. Qui adhaeret Deo unus spiritus est.

Der Leib liebt die Hand, und hätte die Hand einen Willen, sollte sie sich ebenso lieben wie die Seele sie liebt; jede Liebe darüber hinaus ist unrecht.

Adhaerens Deo unus spiritus est; man liebt sich, weil man Glied Jesu Christi ist; man liebt Jesus Christus, weil er der Leib ist, dessen Glied man ist. Alles ist eins. Das eine ist im andern wie die drei Personen.

Pensées Nr. 474, 476, 483

Gottfried Wilhelm Leibniz (1646–1716) war schon ein berühmter Mathematiker, als er mit 39 Jahren »eine kleine metaphysische Abhandlung« schrieb. Dort lesen wir:

Jede Substanz ist gleichsam eine ganze Welt und gleichsam ein Spiegel Gottes oder jedenfalls des ganzen Universums, welches jede auf ihre Art ausdrückt, etwa so, wie sich eine und dieselbe Stadt, je nach den verschiedenen Standorten des Betrachters, verschieden darstellt. Dergestalt wird das Universum gewissermaßen so oft vervielfältigt, wie es Substanzen gibt ... Ganz offenbar hängen die geschaffenen Substanzen von Gott ab, der sie erhält, ja sogar ständig in einer Art von Emanation hervorbringt – so wie wir unsere Gedanken hervorbringen. *Gott dreht nämlich sozusagen das allgemeine System der Phänomene, welches er zur Offenbarung seiner Herrlichkeit hervorzubringen gedenkt, nach allen Seiten und auf alle möglichen Weisen hin und her, er betrachtet alle Aspekte der Welt auf sämtliche überhaupt mögliche Arten, da es ja keine Beziehung gibt, die seiner Allwissenheit entginge, und das Ergebnis eines jeden solchen Blickes auf das Universum, bei dem es gleichsam je von einem bestimmten Standort aus betrachtet wird, ist jeweils eine Substanz, die das Universum diesem Blicke gemäß ausdrückt – falls es Gott gefällt, seine Gedanken wirksam zu ma-*

chen und die betreffende Substanz hervorzubringen. Und da das Schauen Gottes stets wahrhaft ist, sind es auch unsere Vorstellungen; nur unsere Urteile, die von uns selber stammen, können uns täuschen.

Hauptwerke, hrsg. von G. Krüger, Stuttgart 1958, 42

Weil hier der Begriff »Perspektive« (noch nicht das Wort) in die Philosophie eingeführt wird, gehört Leibniz zu den künftig wichtigsten Denkern. Zwanzig Jahre später schreibt er in einem Brief (vom 31. 10. 1705 an die Kurfürstin Sophie):

Die Dauer der Dinge oder die Vielheit der momentanen Zustände ist die Anhäufung einer Unendlichkeit von Blitzen (éclats) der Gottheit, deren jeder in jedem Augenblick eine Kreation oder Reproduktion aller Dinge ist, da es – genau gesprochen – keinerlei kontinuierlichen Übergang von einem Zustand zum nächsten gibt.

Zit. nach A. Gurwitsch, Leibniz, Berlin 1974, 476

In der Monadologie, der letzten Zusammenfassung seiner Gedanken, schreibt Leibniz 1714:

So ist Gott allein die Ur-Einheit oder die ursprüngliche einfache Substanz; alle erschaffenen oder abgeleiteten Monaden sind deren Produktionen. Sie entstehen sozusagen durch kontinuierliche Blitze (fulgurations) der Gottheit von Augenblick zu Augenblick, beschränkt durch die Aufnahmefähigkeit der Kreatur, der es wesentlich ist, begrenzt zu sein ...

Wie eine und dieselbe Stadt, von verschiedenen Seiten aus betrachtet, ganz anders erscheint und wie perspektivisch vervielfältigt ist, so kommt es auch, daß durch die unendliche Vielheit einfacher Substanzen es gleichsam ebenso viele verschiedene Universen gibt, die dennoch nur die Perspektiven des einen sind, entsprechend den verschiedenen Blickpunkten jeder Monade. Monadologie, Nr. 47 und 57

Gott verhält sich also zu uns Geschöpfen ähnlich wie wir zu unseren Gedankenblitzen, deren jeder eine besondere Perspektive dessen ausdrückt, der ihn denkt. Nichts anderes ist die eine Welt als das unendliche Beziehungsgefüge solcher substantieller Perspektiven zueinander, wobei jede Substanz sowohl das Subjekt von Objekten ist als auch Objekt für die anderen Subjekte. Dem Disput der Leibniz-Experten überlassen wir die Frage, wie deutlich der umtriebige Philosoph diese seine tiefste Einsicht selbst erfaßt habe und welches für ihn ihr Verhältnis zum üblichen Herr-Gott-Denken gewesen sei.

Franz von Baader (1765–1841) erklärt verblüffend einfach (und mehr zukunftsträchtig als schon vernommen), inwiefern das von Jesus angekündigte Reich Gottes schon gekommen und am Kommen ist:

Der Logos (in ihm war und ist das Leben) ist das organisierende Prinzip, und dieses organisierende Prinzip bleibt bei der Bildung der einzelnen Menschen-Organismen nicht ... stille stehen, sondern strebt von da in einer höheren Dignität oder Potenz sich geltend zu machen, indem dieses Prinzip die einzelnen Menschenindividuen gleichsam als Atome und Gliedmaßen eines neuen, höheren organischen Gebildes (des Leibes des Herrn oder Gottes) zu verbinden strebt; dieses bisher verkannte, aber doch unaufhaltsame Organisierungsbestreben ist das, was man das Gekommensein und Kommen des Reiches Gottes nennt. Sämtliche Werke, XV, 272

Das »organisierende Prinzip« weist voraus auf *Pierre Teilhard de Chardin* (1881–1955), den gleichfalls noch immer Unabgegoltenen. Von ihm stammt das letzte Lesestück:

Die göttliche Allgegenwart – so müssen wir in einem Freudenblitz erkennen – offenbart sich in unserem Universum als Netz der organisierenden Kräfte des gesamten Christus; wenn Gott mittels aller Mächte von Himmel, Erde und Hölle Druck ausübt, in uns und auf uns, so nur beim Formen und Vollenden des gesamten Christus, der die Welt rettet und überseelt. Und da bei diesem Vollzug Christus selbst sich nicht wie ein toter und passiver Konvergenzpunkt verhält, sondern das Strahlungszentrum für die Energien ist, die durch seine Menschheit das Universum zu Gott zurückbringen, kommen die Grundwasser der göttlichen Tat schließlich ganz durchtränkt mit seinen organischen Energien zu uns.

Le Milieu Divin, Paris 1957, 149

Vom selben Verfasser

Die Taten des einfachen Gottes (Augustinus-Verlag, Würzburg 1968; 135 S.) Der historische Teil (von der Gregoriana in Rom als Dissertation angenommen) vergleicht Thomas von Aquin und Gregor Palamas als Dionysius-Erklärer. Im dogmatischen Teil wird gezeigt, daß Palamas auch in römisch-katholischer Sicht durchaus nicht der unbegreifliche Häretiker ist, für den man ihn gehalten hatte.

Der göttliche Tanz – Schaltungen des Absoluten (Unitas-Verlag, Nürnberg 1971; 141 S.) Die vier grundverschiedenen Weisen, wie die Mysterienlampe sich verstehen läßt (siehe oben S. 105–109) werden entfaltet und im Zusammenhang ihrer jeweiligen geistesgeschichtlichen Heimat dargestellt.

Gott Du unser Ich. Ein Gespräch über Christentum und Atheismus (Patmos Verlag, Düsseldorf 1977; 183 S.) Ein Briefwechsel zwischen Edith, einer marxistischen Atheistin, ihrem Verlobten Günter, einem Christen von traditioneller Frömmigkeit, sowie beider Freund Klaus, der ihnen dazu hilft, daß ihr ideologischer Streit sich in einen spannungsreichen Frieden verwandelt. Doch hat der stets wechselnde Standpunkt viele Leser etwas verwirrt. Im Licht des vorliegenden Buches neu gelesen, gewinnt jenes Dreiergespräch an Klarheit. Die dort behandelten Einzelthemen werden hier nicht wieder aufgegriffen; deshalb ist »Gott Du unser Ich« die beste Hilfe zum Verständnis von »Innen statt droben«.

An Quintulum oder Seiltanz des Herzens. Ein Vater vor der Sinnfrage (Unitas-Verlag, Nürnberg 1982; 110 S.) Die Geburt seines fünften Kindes erwartend, gibt der Autor sich Rechenschaft. Welchen Glauben kann er diesem neuen Menschen, der zu Beginn des kommenden Jahrtausends (hoffentlich) volljährig sein wird, verantwortlich weiterreichen? – Die vier Grundschaltungen ordnen sich zu einem achttaktigen Rhythmus um dessen Mitte, den Entschluß; ihm entspricht in der Weltgeschichte das Christus-Ereignis als absolutes Ja. Krampflos werden, dank diesem Rhythmus, die gegensätzlichsten Ideologien zugleich auseinander- und zusammengehalten. Als allgemeingültiges Dogma aufgefaßt, wäre jede falsch. Doch hat, als herausgehobener Takt des umfassenden Rhythmus, jede ihre unverwechselbare und lebensnotwendige Wahrheit.

Wider die Arroganz der Apparate (Unitas-Verlag, Nürnberg 1984; 93 S.) Das Thema: Vielerlei Apparate bedrohen die Menschlichkeit. Technische Apparate bis hin zur Atomrakete. Bürokratische Apparate bis hin zum totalitären Zwangsstaat. Psychische Apparate bis hin zur tödlichen Sucht. Die These: Gemeinsam müssen wir dafür sorgen, daß die Apparate nur den Platz einnehmen, der ihnen zusteht. Das Mittel darf sich nicht zum Zweck aufblähen. Gegen solche Arroganz der Apparate müssen wir lebendigen Menschen solidarisch zusammenhalten. Sonst erledigen die Apparate nicht bloß ihre Programme, sondern auch uns. Im »Christ in der Gegenwart« schrieb die Rezensentin: »Der Verfasser hat einen scharfen Blick für die lebensbedrohenden Schäden unserer Zeit, und was er als Hilfe anzubieten hat, zeugt von Vernunft, Augenmaß und Menschenliebe. Wohltuend ist seine Sprache ... Wir wünschen ihm einen breiten Leserkreis – um der Leser willen.«

Zwei Schallplatten mit geistlichen Liedern: *Angela* (1969) und *Re* (1975)